陪伴女性终身成长

父母的习惯

恰到好处的养育

[日]多湖辉 著　谢明钰 译

图书在版编目（CIP）数据

父母的习惯：恰到好处的养育 /（日）多湖辉著；
谢明钰译. -- 南京：江苏凤凰文艺出版社，2022.8(2023.10重印)
ISBN 978-7-5594-6922-9

Ⅰ.①父… Ⅱ.①多… ②谢… Ⅲ.①儿童教育－家庭教育 Ⅳ.①G782

中国版本图书馆CIP数据核字(2022)第105999号

版权局著作权登记号：图字 10–2022–66

父母的习惯：恰到好处的养育

[日]多湖辉 著　谢铭钰 译

责任编辑　王昕宁
特约编辑　周晓晗
责任印制　刘　巍
出版发行　江苏凤凰文艺出版社
　　　　　南京市中央路165号，邮编：210009
网　　址　http:// www.jswenyi.com
印　　刷　天津联城印刷有限公司
开　　本　710毫米×1000毫米　1/16
印　　张　13
字　　数　100千字
版　　次　2022年8月第1版
印　　次　2023年10月第2次印刷
书　　号　ISBN 978-7-5594-6922-9
定　　价　65.00元

江苏凤凰文艺版图书凡印刷、装订错误，可向出版社调换，联系电话025-83280257

前言

恰到好处的养育才能有效提升孩子的脑力

在开发孩子的各项能力，特别是激发孩子的大脑潜力时，如何才能不让孩子感受到来自父母的管教压力，这一点尤为重要。否则，管得越多，效果反而越差。这也是我在其他育儿书籍中反复强调的。

我所推崇的“脑力提升法”是让孩子在感受不到任何管教压力的状态下，自发地、愉快地去重复一些事情，并在此过程中形成良好的行为习惯。只有这样，父母才能在教育中更好地发挥自己应有的作用，同时也能体会到养育孩子的乐趣。

继《头脑体操》[1]之后，我还研究了许多包括成年人在内的全脑开发方法。那么，如何才能有效地促进孩子大脑的全面发育呢？本书从孩子日常管教以及习惯养成的角度出发，整理归纳出了父母在日常生活中极易做到的一些方法。

这些方法涉及生活、学习和游戏等多个方面，父母只要把握好贯穿其中的基本原则，就能在恰到好处的养育中有效提升孩子的

1　一套锻炼大脑的问题集，曾风靡全日本，印量过亿册。——编者注（如无特殊说明，本书的注释均为编者注。）

脑力。

教育者的理想状态是充当“绷线”的角色

日语中的管教（しつけ）写作“躾”，这是日本特有的一个汉字，字面意思是“让身体变得更美”。这层语义最早源自旧时的裁缝所使用的“定型绷线”。在正式缝制衣物前，先以疏松间隔的线粗略缝制，这里用到的线就是“定型绷线”。目的是在正式缝制前将布料大致定型，衣服成型后绷线就会被拆掉。

父母的管教对于孩子成长的作用就相当于“定型绷线”对于衣物缝制的作用。培养孩子并不是让孩子按照父母的期望成长。归根结底，父母能做的只是为孩子打好成长基础，不论孩子将来选择什么样的道路，在踏入社会之后都能做到自食其力、独当一面。

就像裁缝在衣物缝好后要将绷线拆掉一样，父母在为孩子打好成长基础后也要及时放手，给孩子更广阔的成长空间。

带着游戏玩乐的心态享受养育孩子的乐趣

可能是受少子化的影响，以及来自大环境的压力，现在的父母几乎将全部身心都扑在孩子的教育上。

孩子尚未记事，父母就开始忙于给孩子安排各种早教课、线上线下的思维课。随着孩子年龄增长，家长们还会不惜重金年年买入大量教辅书，把孩子送进各种培训机构，生怕自家孩子落后于人。

实际上，孩子可以十分敏锐地感受到父母的情绪和周边的氛围。

父母对孩子抱有期望，这是很自然的事情，但如果家长整天跟打了鸡血似的让孩子接受所谓的“精英教育”，只会引起孩子的逆反心理，甚至用言行反抗家长的这种教育方式。

相反的，如果家长把培养孩子当作一件有意思的事情，并乐在其中，那么孩子也会跟着喜欢并享受被父母教育的过程。父母带着孩子一起探索、一起发掘学习的乐趣，这种做法更有助于激发孩子的好奇心和探索欲，进而促进孩子大脑的全面发育。

“脑力提升法”就是在这种似游戏却非游戏的状态中，将学习和游戏融为一体，进而促进孩子的各项能力得到挖掘与发展。

适可而止才是恰到好处的管教

一直以来我就强调培养孩子要适可而止。

可能有人听到“适可而止”这个词，会理解成“没有责任心”“敷衍”等消极的意思，如果再进一步分析就会发现，其实这个词也可以理解为“刚刚好”，也就是“恰到好处”的意思。

大家应该都知道，驾驶汽车踩刹车的时候，并不是一踩就能立马刹住。在踩刹车到车刹住之间还有一段滑行的时间，开过车的人应该都亲身体验过这个滑行过程。

可能有的人会觉得不安全，但恰恰是有了滑行的缓冲，才能有效保障车辆的安全。如果一踩刹车就能立刻停住，车辆很可能会由于惯性作用仰面朝天翻倒在地。

养育孩子也是一样的道理，没有必要把方方面面都考虑周全。

在教育孩子的过程中，父母要适当放松心态、张弛有度，把握恰到好处的分寸感是非常重要的。

孩子的成长道路并非独木桥

希望所有的父母都牢牢记住这一点。

现在市面上的育儿书籍五花八门，当然本书也是其中之一。我想强调的是每个孩子都有自己独特的个性，不论是见多识广的文化人，还是经验丰富的教育专家，谁都没有办法写出一套适用于所有孩子的教育理论书籍。

如果把孩子的成长比作一条道路，那就是一条弯弯曲曲的山中小道。有高峰、有低谷，起起落落都是再正常不过的事情。父母千万不要认为照着育儿书，或者多报几个班就能养好孩子。

学会分辨哪些是打击孩子的语言、哪些是鼓励孩子的语言

关于这一点，在本书后续涉及语言教育的章节会有比较详细的阐述。因为这一点实在是太重要了，所以我把它作为一项基本原则进行强调。

走在大街上，经常会听到一些父母用近乎谩骂的语言斥责自己的孩子。相信父母们也都知道孩子小的时候是不听大人指令的，但在情急之下或者劳累之时，难免会情绪失控，这也是人之常情。

不过，如果因为一点小事就劈头盖脸地责骂孩子，那只能说作为父母的觉悟还有待提高。

常言道：“良言一句三冬暖，恶语伤人六月寒。”语言，用得好，可以促进孩子成长；用得不恰当，也能摧毁一个孩子。在本书的后续章节中，我将会详细介绍哪些语言对孩子具有巨大的杀伤力，希望给大家提供一个参考。

正确应对孩子的“一哭、二闹、三上吊”

虽然孩子一个个看上去都是天真无邪的样子，殊不知他们也很懂得察言观色。他们会使出浑身解数，通过哭闹、耍赖甚至威胁等各种手段来达到自己的目的。如果父母一味地顺从，让孩子次次都能得逞，孩子很有可能会变成一个自私自利的人。因此，父母有必要下功夫掌握一些应对技巧，在充分保护孩子好奇心的同时，让孩子知道不可以做的事情再怎么闹都没用。

孩子需要自由成长的空间，但不等于可以完全“放养”。“放养”虽然保证了充分的自由，却也丧失了教育的意义。

既要给予孩子充分的成长自由，又要立好规矩、张弛有度，这才是真正意义上的“恰到好处的养育”。

促进孩子成长的三大要素：重视幼儿期、重复、夸奖

我们人类的语言有着极其复杂的结构，那为何我们都能很自然地习得母语呢？

首先，当然是因为我们一出生就处在一种语言环境中。

其次，当我们身处某个语言环境中时，我们就会重复地听到同

一个词语或者同一种表达方式。

第三，当我们开始学说话时，无论说出来的是什么内容，周围的大人都会开心地为我们鼓掌或者竖起大拇指。

以上三点也是音乐教育界著名的“铃木教学法”所倡导的基本观点。从小在相应的环境中耳濡目染，一有进步就给予鼓励和表扬，这种体验正是让孩子更加优秀的秘诀。

尽早规划孩子的发展蓝图

蓝图指的是一种工程图纸，引申为发展前景，即希望孩子将来成为一个什么样的人。

阿德勒心理学将父母对于子女的期望描述为“家族价值观”，并指出家族价值观将成为孩子探索自我成长道路的指南针。一旦家族价值观缺失，孩子将不知道自己应该按照什么样的标准去探索自己的前进道路，最终会迷失发展方向。

值得注意的一点是在帮助孩子绘制发展蓝图时，父母一定要遵循孩子的客观发展规律，避免将自己的期望强加给孩子。

父母必须在自己的美好期望与客观现实之间把握好平衡，清醒地认识到自己对孩子所抱有的期望只不过是单方面的期望而已，绝不可以强加给孩子。

经常反思自己的教育方法

如果长时间一门心思扑在孩子的教育上，视野就会变得越来越狭窄。因此，父母们有必要时不时地静下心来，客观地审视自己的教育方法。

现如今，太多的父母眼里只有孩子，整天围着孩子转。因此，经常反思自己的教育方法就尤为重要。

只有静下心来重新审视，才能发现很多此前察觉不到的东西。然后再把这些新发现应用到今后的教育中去。

学习犹太人的教育智慧：重要的不是比别人优秀，而是与别人不同

犹太人有一个特别的教育传统。他们在教育孩子的过程中，看重的不是自己的孩子是否比别人更优秀，而是自己的孩子有多么与众不同。

在教育过程中承认并尊重每个个体的差异性，而不是用统一的条条框框去限制孩子的发展。孩子本来就有着强烈的好奇心，家长不加以限制，他们将会自主开拓出非常广阔的发展道路。

希望父母们都能把犹太人的这种教育智慧谨记在心。

让孩子学会自我表现

父母通过各种各样的努力终于把孩子培养得非常优秀，但如果孩子长大之后没有能力将自己的优点展示出来，那这样的教育又有什么意义呢？虽然有句老话说得好，“有本领的老鹰总是藏着爪子（真正有本事的人往往深藏不露）”，但是总是把爪子藏着不拿出来

用，那跟没有爪子又有什么区别呢？

因此，在教育孩子的过程中，父母也要注意培养孩子自我表现的能力。

不要害怕犯错

虽然希望家长能在平日的教育中执行、遵守我列举的这些原则，但有些父母却过于看重基本原则，在教育孩子的过程中，稍有不如意的地方，就会陷入自我否定的恐慌、焦虑情绪之中。

其实，没有必要如此担忧。人其实有着极强的自愈能力，偶尔的挫折并不会给孩子带来致命的打击。重要的是如何从挫折中吸取教训并运用到今后的教育中去。在培养孩子的过程中，遇到失败或者挫折总是难免的。碰到一些小挫折的时候，不要垂头丧气，而是以积极的心态总结经验、吸取教训，这样才能不断提高家庭教育的水平。

以上就是我总结的 12 条养育孩子的基本原则，这些原则将贯穿孩子能力培养的全过程。大家在阅读后面章节的过程中可以时不时地翻回来做一下对照，将更有助于加深对各部分内容的理解。

第 1 章

恰到好处的养育，激发孩子的潜力

第2章

营造温馨环境，让孩子充分发挥自身实力

第3章

恰到好处的沟通，促进孩子的身心发展

第4章

正向引导，让孩子学会自主学习

第5章

让孩子自主思考，培养主动寻找答案的敏捷思维

第6章

激发孩子不向困难屈服的勇气和干劲

第7章

快乐游戏，让孩子注意力更集中、头脑更灵活

第8章

健康生活，让孩子的身心和头脑茁壮成长

恰到好处的养育，激发孩子的潜力

01 管教要适度

培养一个聪明的孩子，并不等同于培养一个学习成绩好的孩子。聪明，不仅仅表现在学习成绩上，还包括由好奇心驱动而形成的自主学习能力以及不固化的思维能力。

从另一个角度说，一个孩子学习成绩十分突出但其他方面都不行，那就称不上是真正的聪明。自家孩子学习认真、成绩也总是名列前茅，作为父母肯定感到十分欣慰，但是这种情况往往也隐藏着让人意想不到的隐患。

如果孩子爱学习不是源自好奇心，而是为了获得家长或老师的认可，那就是个大问题。他们为了赢得父母、老师的认可和称赞，压抑着自己的天性拼命学习，努力成为父母和老师眼中的“好孩子”。

孩子本身有着无限的好奇心，他们在好奇心的驱动下发展出强大的自主学习能力和独立思考能力。如果这个过程缺失，等他进入青春期，即将独立成长的时候，就很难依靠自己的力量去开启新的人生阶段。正因为如此，越是听话、顺从并且一直成绩优异的孩子，进入青春期之后往往越容易出现一些问题。

学习成绩当然是十分重要的，但是如果家长在教育过程中过于看重成绩，在将孩子培养成一个听话、顺从的“好孩子”的同时，也会扼杀聪明孩子所具备的自主学习能力和独立思考能力。

所谓的“育儿智慧”，从内容上讲，其实存在各种形式。

如果把“积极创造各种条件激发孩子的聪明才智”定义为养育孩子的一种智慧，那么前文提到的不以家长、老师的标准过分束缚孩子，而是给予孩子充分的成长自由，这种适度管教也可以算是一种“育儿智慧”吧。

从下节开始，我会介绍一些有助于激发孩子聪明才智的育儿智慧。

- 注重孩子“是否听话”的育儿方式会扼杀孩子的自主学习能力和独立思考能力。

02 以平常心看待孩子的“不合群”

有一个孩子，他总是向老师提出一些奇奇怪怪的问题，学习成绩一塌糊涂，而且性格乖僻、没办法融入班集体，在学校的时候总是独自一人沉浸于各种幻想之中。即便是这样的“怪小孩”，他的妈妈也总是温柔地守护着他，他最终成了一名伟大的发明家——这正是发明家爱迪生的故事。

因为爱迪生的妈妈深知，自己的孩子之所以被当成差生，只不过是他所关注以及思考的东西跟学校里老师教的、同学学的有很大的不同罢了。

不仅仅是爱迪生，还有很多取得重大成就的人士，他们从幼年时期开始就或多或少地表现出与常人不一样的偏执或者乖僻。他们不自觉地开始抵触与别人保持一致性，尽力去思考一些与众不同的东西，从而逐渐形成了自己独特的思维模式。

举个例子，很多从事创意工作的人，当知道别人的想法跟自己差不多的时候，他们就不会太积极地发表意见；当发现其他人的意见都一边倒的时候，他们反而会不断地强调自己的不同见解。

虽然大家都说亚洲等国的教条式教育似乎也在慢慢地发生一些改变，但不可否认的是，在人群中保持一致性（通俗一点，就是随大流）的意识仍然根深蒂固。一旦孩子有一些不寻常的举动，往往就会被贴上“另类”“怪小孩”之类的标签，并遭到周围人的孤立和排斥。

当然，对那些伤及他人的过分行为进行严格管教是必须的。但是，为了避免扼杀孩子的潜能，父母在教育过程中也必须保持平和的心态，能够坦然地面对譬如“另类”“怪小孩”之类的评价，甚至把这些负面的评价当成是对自家孩子的夸赞。

孩子的成长环境越宽松，越有利于激发其创造力和想象力，让孩子成长为一个真正聪明的人。

- 请将“另类”“怪小孩”之类的标签当成是对自家孩子的夸赞。

03 不要责骂孩子的涂鸦行为

我曾听说有一家幼儿园将“培养调皮捣蛋的孩子”作为教育目标。在这家幼儿园里，孩子拆桌椅也好，拉帮结派吵架也罢，老师都不会过多干涉。这样导致的一个结果就是孩子的身上总是旧伤疤还没好又添新伤疤。

我有一个画家朋友开了个绘画培训班，他招生的时候要求家长必须答应不责骂孩子的涂鸦行为，否则就坚决拒绝孩子加入他的培训班。

他之所以这么做，是因为他在多年从事的幼儿绘画教育工作中总结出了一个重要的经验：在一个禁止涂鸦的环境中，孩子没有办法画出真正具有生命力的图画。可能这个要求会让很多家长感到不解，但是不得不承认的一点是，顺从孩子的天性，允许他们调皮捣蛋和乱涂乱画，这才是真正有助于激发孩子活力，让孩子变得更聪明的做法。

调皮捣蛋正是孩子创造力的表现，表明孩子的自我意识正在不断增强。

对于那些还不会熟练运用语言表达自我的孩子而言，涂鸦正是他们随心所欲表达自己想法的最佳手段。这是一种十分自然的创作欲的表现。父母小心翼翼地保护孩子的这种创造力并给予充分的尊重，才能让孩子的智力全面发育、身心健康成长。严加阻止的做法，就相当于家长亲手掐断了正在茁壮成长的幼苗。

对于那些确实贵重的东西，请收藏到孩子够不到的地方；如果没办法把家里布置得像学校的教室一样，那就弄一块大的涂鸦板，让孩子在上面自由发挥。

这些微小的举措看起来很平常，却能够让孩子的成长需要与父母的期望之间达成某种平衡。在日常生活中，孩子把衣服弄脏了或是在身上弄出一些伤痕，父母不必过分紧张，只需用更加宽容平和的心态为孩子的成长保驾护航。

- 让调皮捣蛋的孩子自由发挥无穷的创造力。

04 不要禁止孩子看漫画

众所周知，阅读不仅有助于陶冶孩子的情操，还可以帮助孩子培养思维能力、想象力以及专注力等。特别是如今我们身处电子化、信息化的时代，许多家长想方设法培养孩子的阅读兴趣，为提升孩子的阅读能力操碎了心。

现在的孩子日程表都被线上阅读课程、线下阅读班之类排得满满当当。这也说明家长对于阅读重要性的认知有了很大提升，这当然值得肯定。然而，家长们却不约而同地明令禁止孩子看漫画这类书籍。

有些父母没有缘由地对漫画抱有不太好的印象，也有些父母认为漫画以画面为主，看得再多，对于孩子想象力的开发也起不到太大的作用。

不可否认，部分漫画存在内容过于偏激或有暴力倾向等问题，父母理应避免让孩子接触这些有害书籍。但是，漫画并非都是有百害而无一利的。

当发现孩子不仅记住了人气漫画中好几百个角色的名字，而且还能绘声绘色地描述出每一个角色的特点以及相互之间的关系时，你定会感到无比惊讶吧。孩子跟成年人一样，对于感兴趣的东西，可以废寝忘食地钻研并且毫不费力地记住大量相关信息。

在专注做某件事情时，人的大脑就会变得更加活跃。

父母不应一味地否定漫画书并让孩子远离它们。顺应大脑的自然机制，让孩子在充分体验漫画书所带来的乐趣的过程中提高记忆力和观察力，这才是更加明智的做法。

实际上，漫画已经深深地融入孩子生活的方方面面。无论父母的提防手段多么严密，孩子还是会在不经意间接触到漫画。与其严加禁止，不如好好利用孩子对于漫画的兴趣，让他们在阅读漫画书的过程中轻松提升观察能力。

- 把漫画当作培养孩子观察能力的好工具。

05 宽容对待孩子的不规范用语

在培养孩子的过程中，语言教育起着举足轻重的作用。正因为如此，一些育儿专家建议在与孩子对话时要尽量避免使用“婴儿用语”。

在很多事情上，父母都是孩子的第一模仿对象。因此，如果想让孩子学会文明用语，那么父母首先得保证自己在日常生活中做到语言得体。这样一来，大家就会觉得有必要从小对孩子进行严格的语言教育。这么做在大的方向虽然没有问题，但是也要注意不能管得太严，否则也会出问题。

估计很多家长都有过这样的经历，自己平时已经非常注意孩子的语言教育了，但是仍然会从孩子的口中冒出类似“烦死了”这样与年龄十分不相称的词汇。比较注意语言教育的家长，在听到孩子说这些话时估计会大发雷霆。当然，这种管教也属于正常语言教育的一部分，我丝毫没有想要责备家长的意思。

有一点值得父母思考：为什么孩子会说一些家长既没有说过也没有教过的词汇呢？或许是因为孩子想要假装成熟，但更可能是因为孩子的活动世界已经远远超出了父母的可控范围。作为父母，不得不承认并接受这一事实。语言是社会关系的产物，从孩子的口中说出一些在家里没有用过的词汇，说明孩子已经在不知不觉中发展出了广泛的人际关系网。

当孩子学会传达或者还原所学到的内容时，这说明他的学习能力得到了很好的发展。即使他们学到的不完全是好的内容，但学到新事物这件事情本身证明了孩子正在源源不断地从周围环境中吸收各种新鲜事物。父母应当为此感到高兴。

不过，孩子在小的时候并不具备判断语言好坏的能力。对于那些让别人感到不舒服的词汇或用语，父母一旦发现就要及时批评并加以纠正，这样孩子才能及时认识到有些用语不可以对别人说。

- 用语不规范，说明孩子的社会活动范围正在扩大。

06 和孩子一起拆玩具

可能在大部分家长眼里，一直珍惜爱护自己玩具的孩子才是“好孩子”，因此总是不停地要求或不厌其烦地提醒孩子要爱惜自己的玩具。实际上，这种做法非常不利于孩子的认知发展。

这是因为玩具常常会引起孩子强烈的好奇心，想知道为什么会动、玩具里面到底是什么样子的。这时候，父母要是稍微提示一下“破坏方法”，不仅可以满足孩子的好奇心，还可以有效地锻炼孩子的大脑。

通过敲击或拆卸等方式让玩具呈现出崭新的内部结构，虽然这种做法已经足以激发孩子的兴趣了，但如果能再进一步，教孩子学会拆解并复原玩具，那就更完美了。

拆解前的玩具是一个完整的成品，也就是逻辑上所说的“结论”。层层拆解玩具的过程相当于逻辑推理中的逆向推理。换句话说，每一样玩具都可以看成是某一种“逻辑”。在拆解玩具的过程中，孩子会自主地动脑筋思考用什么样的“推理”才能更快地得出“结论”，因此他们的逻辑思维能力在不知不觉中就得到了很好的锻炼。

有一种可以清楚看见时钟和汽车等物品内部结构的塑料玩具曾风靡一时。不得不说这种玩具的设计理念具有很强的预见性，因为设计者已经预想到对于孩子来说玩具就是用来破坏的对象。虽然“爱惜物品”的观念十分重要，但没有重要到需要将其奉为金科玉律去束缚孩子的程度。家长需要做的是正确引导孩子学会恰当的拆解方法，这样更有利于锻炼孩子的大脑。

无论多么贵重的物品，如果只是一味地强调要爱惜，那样只会束缚了孩子自由发挥的空间。偶尔回归童趣，试着和孩子一起拆着玩吧。在教育孩子的过程中，这种“游戏心态”也是必不可少的。

- “适当的破坏”有助于锻炼孩子的逻辑思维能力。

07 不要禁止孩子四处闲逛

现如今，社会上频频发生各种和孩子有关的悲惨事件，让家长们整日提心吊胆地担心自家孩子的安全问题。

到了放学时间孩子却没有按时到家，或者让孩子帮忙跑腿买东西到了傍晚也迟迟未归，这时父母就会急得团团转，担心孩子是不是遇上交通事故或者被坏人拐走了。

终于，孩子灰头土脸、嘻嘻哈哈地回来了，家长这时会有什么反应呢？

估计大部分家长都会把先前的担忧抛在脑后，劈头盖脸地数落孩子："上哪儿去了？到现在才回来！"

出于担心而责骂孩子，这是再正常不过的事情。在这里，希望家长能够做到一点，那就是在指责孩子的行为太危险或太过分前，试着站在孩子的角度去思考一下孩子行为背后的逻辑。在办正经事的途中偶然碰到了自己喜欢或者感兴趣的东西，被新事物吸引，于是不由自主地偏离了原定的目标……这就是孩子的心理特性。

在教育孩子的过程中，父母的这种"闲逛就是坏毛病"的偏见将会极大地缩小孩子的兴趣范围，甚至阻碍孩子思维能力的有效开发。从孩子的发展规律来看，其实孩子就是在闲逛的过程中成长起来的，这边瞧瞧、那边看看，不知不觉中就掌握了许多新本领。

孩子在放学后或者跑腿途中的闲逛也是如此。父母要做的不是严加禁止，而是要努力为孩子创造一个既安全又温馨的社会环境，让孩子可以在确保自身安全的前提下随心所欲地闲逛。

- 在保证安全的前提下拓展孩子的兴趣范围。

08 让孩子体验“越界”的乐趣

听说有一个儿童绘画教室的做法很特别。考虑到孩子不可能规规矩矩地在一张画纸的范围内画画，他们画的内容铁定会“越界”，于是老师在开始上课前总是给每个孩子准备好几张画纸。

同时，在课堂上，老师不要求孩子按照标准纸张的大小构图和布局，而是让他们按照自己的构图和布局需要去组合画纸的大小。

几乎每个孩子都有一个热衷画画的时期，有时画上一整天也不觉得厌烦。很多家长也会帮孩子购买绘画用品，但如果只是从文具店购买一些画纸或素描本丢给孩子，只能说这些家长并没有花太多心思帮助孩子挖掘绘画潜能。

现在市售的几乎都是标准规格的偏长方形的画纸。如果长期给孩子提供这种纸张，就会让孩子的绘画逐渐变成符合这种规格的“标准化作品”，他们的思维方式也会在这种标准化画纸的框架下逐渐固化。

实际上，绘画的构思开始于创作的空间。然而，现在的幼儿园都是在开始绘画前就给孩子准备好了固定大小的纸张，早早地剥夺了孩子构思作品的机会。

虽然很难要求幼儿园改变这种做法，但至少当孩子在家里拿起蜡笔、彩色铅笔或者水笔的时候，家长们可以为他们准备一些非标准规格的画纸。

将买来的画纸剪成三角形之类的形状，或者准备一些圆形或两端剪成不规则形状的纸张，甚至可以让孩子在好几平方米的纸张上自由发挥，这些都是非常不错的尝试。

总之，不要限制孩子的绘画空间，让孩子认识到可以在无限大的空间内构思自己的作品。最重要的是通过为孩子提供非标准的画纸，帮助孩子养成独特的思维。当然，画纸只是这里举的一个例子，还有很多文具都可以参考这种做法。

- 标准化的教育只能培养出“标准化的头脑”。

09 别为孩子不懂正确的表达而焦虑

对于父母来说，没有比听孩子叽叽喳喳说个不停更有意思的事情了吧。孩子在小的时候虽然口齿还不太清晰，却在拼命地搜罗词汇组成句子，还时不时地蹦出一些意想不到的词汇，这些让父母欣喜不已。

有研究表明，孩子在3~4岁这个年龄段记住的词汇量是最多的。据说，有不少孩子在3岁这一年内能记住一千多个词汇。正因为词汇量突增，因此用错词汇的情况在这个阶段也会特别明显。

不少家长也是从这个阶段开始担忧孩子用错词汇的问题，总是想法设法让孩子掌握正确的表达，甚至为此变得特别焦虑。

实际上，用错词汇正说明孩子已经开始独立思考问题，并尝试运用语言表达自己的想法，因此家长完全没有必要为此感到焦虑。

在这个阶段之前，孩子只是单纯地模仿他人的词汇来进行交流，因此他们的表达中很少出现错误。但是到了三四岁之后，他们的大脑已经发育到一定阶段，开始能够自主地组织自己所掌握的各种词汇。正因为如此，他们表达中的错误开始增多。反过来，如果处在这个年龄段的孩子在语言表达中很少出错，那么不妨认为他们还处在语言模仿的阶段。

因此，特意纠正孩子在这个阶段的语言错误，就相当于阻止孩子积极动脑筋。实际上，当孩子发现自己所使用的词汇或者表达方式无法向他人准确传达意思的时候，即使家长不加以纠正，他们也会自然而然地学会正确的表达方法。

过于注重语言表达规则会掐断孩子想象力的嫩芽，这种做法对于孩子的长远发展没有一点益处。

- 用错词汇是孩子开始独立思考的强有力证据。

10 愉快地回应孩子善意的谎言

在成人的世界里，如果你爱讲道理，就很容易被贴上“认死理”“爱讲大道理”之类的标签并受到排挤。如果孩子跟你讲道理，即便听起来像是歪理，我也建议家长能认真地倾听并真诚地回应。因为孩子说歪理表明孩子开始有了自己的逻辑思考能力。

孩子绞尽脑汁编出来一套说辞，如果家长表现出极大的不耐烦，那么孩子就会误以为家长不喜欢讨论问题。这样，孩子就体会不到自己独立思考并将想法传达给他人的乐趣，因此也很难发展出具备独立思考能力和丰富想象力的头脑。

孩子的说谎行为也是如此。假如孩子一回到家就兴致勃勃地说：“妈妈，我今天骑大象了呢！”这时候，妈妈不同的回答会给孩子带来极为不一样的感受。

妈妈可能回答：“你这孩子，怎么净说瞎话呢？”也可能回答：“是嘛，你真厉害。大象非常高大吧？我也好想骑一骑呢。”

毋庸置疑，后一种回答可以很好地提升孩子的创造力。因为在听到妈妈的这种回答后，孩子会继续发挥他的想象力，兴奋地说出后续的情节：“我们全班同学都坐在大象背上了呢！然后我们飞上了天空，还看到了咱们家的房子。”

有关成长心理学的研究表明，孩子一般从三岁左右开始学会说谎，并在小学二三年级的时候说谎倾向最明显，当然，不排除个体差异。而爱说谎的孩子难免让家长更加操心。

但是，从智力发展的角度来看，家长没有必要过分担心孩子的说谎行为。相反，跟那些从来不说谎的孩子相比，爱说谎的孩子往往更有创造力。

说谎，就是把自己没经历过的事情描述得跟自己真实经历过一样。换句话说，说谎其实与“无中生有”的创造力有着千丝万缕的联系。从这个角度来看，能够滴水不漏地圆谎的孩子都有着过人的智商和极高的创意。

同时，孩子说的大多是一些无足轻重的谎言，不像成年人的谎言那样充满了私心或者恶意。

在说谎的过程中，想象和现实之间的界限变得很模糊，甚至孩子本人也不认为自己在说谎。这种时候，用“创作”来形容可能反而更恰当。不论是歪理，还是谎言，都是孩子绞尽脑汁、开动脑筋思考的最好证明。

当然，对于那些突破做人基本底线的谎言，例如将自己的失败推卸给他人或者编造一些莫须有的事来污蔑他人等行为，家长必须严加管教并及时纠正。而对于那些无伤大雅的谎话，实际都是孩子开动脑筋编出来的，家长大可以愉快地倾听并予以回应。

- 孩子的歪理和无伤大雅的谎言是拥有创意和创造力的表现。

第2章 营造温馨环境，让孩子充分发挥自身实力

11 父母要自信

一说到环境对孩子的智力发展起着重要作用，很多父母首先想到的是孩子现在所处的环境是不是最好的。父母们十分单纯地认为，为孩子创造一个更好的生活环境是父母应尽的责任，因此总是想办法给孩子换一个更安静的房间或者让孩子尽可能早地接触外语语言环境等。我也十分理解父母这种事事都想替孩子考虑周全的心情，但同时，父母也应当认识到，过于完美的环境有时候反而不利于孩子认知能力的发展。隔壁家孩子都开始学钢琴了，自家孩子也得赶紧开始学了；班上的同学都在上课外培训班，自家孩子也得赶紧跟上了……家长之间的这种攀比心理，对孩子的成长没有一点好处。

有些父母想让孩子学习这样那样的技能，孩子却因各种原因没学好。这种情况下，父母没有必要为此感到自责。因为这样只会产生反效果，容易让孩子把失败的所有责任都推卸给其他人或周围的环境。

其实，通过追溯各个领域顶尖人物的成长经历可以发现，除了极个别的例子之外，大多数人的成长环境和普通人没什么区别。因此，想要激发孩子的学习动力，父母首先必须足够自信。不用太介意周围的环境，而是自信地告诉孩子，现在的一切就是父母能够为他提供的最好的条件和环境。

无论处在什么样的环境中，只要能够激发孩子的学习动力，其他的可以不必太在意。父母的心态决定了家庭教育的环境，坏的心态可以将好环境变成坏环境，好的心态则可以将不太好的环境变成好环境。不能绝对地说没有好的外部环境，父母就培养不出聪明的孩子。

如果这种观点成立，也就没有那么多在逆境中成长起来的伟人了。

- 孩子的学习动力取决于父母的态度。

12 不要总是把孩子放在第一位

记得在我小的时候，饭桌上爸爸的位置总会比其他人多一样菜。哪怕大家吃的都是烤秋刀鱼，爸爸的秋刀鱼也总是比我们的大一圈。在那个年代，几乎所有的家庭都这样。

但是，不知从何时起，妈妈们的特别优待对象变成了孩子，而不再是一家之主的爸爸了。要是在煎鸡蛋的时候不小心把蛋黄弄破了，现在的妈妈们估计都是拿给丈夫吃吧。

我记得有一篇描述类似场景的漫画。一位爸爸在公司打开饭盒的盖子，映入眼帘的全是高档食材，跟平时完全不一样。惊喜之余发现手里的饭盒比平时的饭盒要小一圈，这时爸爸才意识到早上出门的时候错拿了孩子的午饭，原来这是妻子给在上学的孩子准备的。他的脸上流露出了对孩子受到特别优待的羡慕之情。或许这只是个例，但也足以说明爸爸在家庭中的地位已经一落千丈了。

父母在生活中处处把孩子放在第一位，这种做法对于孩子的成长没有任何好处。孩子从小在家养尊处优，反而容易让他在往后漫长的人生赛道上沦为失败者。因此，我建议家长们要在家庭教育中向孩子传达父母优先的观念。

我有一个朋友，在他们家，必须等所有家庭成员都到齐之后才能动筷子吃早饭。

居家办公的爸爸经常到了饭点还在忙工作。在这种情况下，只要爸爸还没有在餐桌前落座，妈妈就不允许孩子动筷子。通过妈妈的这种做法，孩子不仅学会了耐心等待，而且在等待的过程中也体会到了爸爸工作的不容易。把孩子放在第一位的家庭中，孩子就没有这样的体会。

不仅如此，在家里事事被优待的孩子上了高年级之后也很难有刻苦学习的毅力。他们在课堂上无法集中注意力听讲，成绩也很难提高。可以说，事事将孩子放在首位的做法百害而无一利。

- 父母优先的家庭教育观念有助于培养孩子克服困难的毅力。

13 让孩子和年龄稍大一点的朋友一起玩耍

现在好像越来越难见到各个年龄段的孩子打成一片、一起快乐玩耍的情景了。这样导致的一个结果就是，偶尔家里有年龄稍大一点的孩子来做客，孩子没有办法和大孩子玩到一起。这种情况其实并不利于孩子的成长发育。

如果将父母比作 10 层楼高的大厦，那么年龄稍大一点的孩子就是 2 层楼的房子。当孩子沿着通往 2 层的楼梯一层一层往上爬的时候，他会不由自主地将年龄稍大一点的孩子作为自己前进的目标，不断提升自己的身心发展水平。

父母没有理由不好好利用孩子的这一心理特性。一些孩子虽然十分抵触父母的教育方法，但当父母提起他们崇拜的人，有些孩子在崇拜心理的作用下居然开始接受父母的教育方法了。

如今已经步入少子化的时代，很多家庭都只有一个孩子。在这种家庭中，孩子极少有机会接触年长一点的玩伴。这也是导致孩子没法跟年龄稍大的孩子一起玩耍的重要原因之一。

正因如此，我希望家长们不要认为孩子应该跟同龄人一起玩耍。只要有机会，就让孩子抛开年龄的差异，和大一点的孩子一起愉快地玩耍吧。他们从年龄大一点的孩子身上学习到的东西，很可能会超出家长的预料，这对孩子的大脑发育也会起到极大的促进作用。

- 将年龄大的朋友作为前进目标或崇拜对象有利于促进孩子的成长。

14 父母双方的意见不一致也没关系

有些人可能会认为父母双方的教育理念不一致，容易让孩子分不清是非，进而产生混乱。我不太赞成这种看法。我认为，只要父母双方不是整天处在那种针锋相对、剑拔弩张的状态，而是在孩子教育方法上保持各自的特色，这种做法反而有利于激发孩子思考，能让孩子的头脑得到充分的锻炼。

有一个在大学当教授的朋友曾跟我说过："多亏了父母在我小的时候关系不好，我才能有今天的成就。"他说这句话的时候非常认真，完全不像是在开玩笑。

说得更准确一点，他的父母并不是真正意义上的关系不好，只是双方一直都在磨合的状态中共同生活。当双方的意见不一致时，他们就会展开激烈的讨论，有时甚至吵起架来。

在对待孩子的事情上也是如此。每当朋友犯错时，他的爸爸总是会很生气地责骂他，但是他的妈妈基本都是笑一笑就原谅他了。爸爸和妈妈的态度完全不一样。

正因为从小面对着如此态度不一致的父母，他才知道原来每个人都有不同的想法，也朦朦胧胧地懂得了持有批判精神的重要性。

在这种家庭环境中，他逐渐养成了独立思考、遇到问题就通过翻阅书籍寻找答案的习惯。

长期在父母各持不同意见的环境中耳濡目染，孩子的大脑能够得到有效刺激，激发孩子养成独立思考的习惯。这就是我从这个朋友的成长经历中获得的重要启发。

在如今的家庭中，孩子极少有机会接受这样的环境熏陶。因此更有必要明确地向孩子传递一种信息，即爸爸和妈妈的想法或者意见是可以不一致的。

父母双方分歧过大可能会让幼儿期的孩子感到茫然、不知所措，但对于已经进入小学阶段的孩子来说，父母总是保持一致意见并不见得就能对孩子起到很好的教育效果。

有一些欧美的家庭在给孩子零花钱时，妈妈通常会嘱咐孩子尽量不要把钱花掉，而爸爸则会要求孩子把钱花在正确的地方。爸爸妈妈不同的嘱咐让孩子更加积极地动脑筋思考并进行相应的价值判断："虽然钱不能乱花，但是我用来买这个东西应该是没问题的。"

- 父母双方意见不一致，更有利于孩子进行独立思考。

15 父母要多笑

不知道大家对2004年的雅典奥运会还有没有印象。当时关注度最高的要属参加女子摔跤比赛的滨口京子和他的父亲滨口平吾了。每当看到京子的灿烂笑容，观众们也会受到感染而不自觉地嘴角上扬。

不难想象她日常的训练有多么严酷。这种与紧张激烈的比赛现场格格不入的灿烂笑容源自哪里呢？我想，这肯定与她的父亲滨口平吾平时的教育方式密不可分。

当京子比赛归来出现在机场的那一刻，早已等候多时的爸爸立刻朝女儿飞奔过去，然后对她一顿猛亲。用现在年轻人的话来说，她的爸爸真是无敌可爱了。他脸上的笑容充满了一种让人招架不住的魅力。京子的爸爸用充满笑容的教育，培养出了既坚强又聪明的摔跤选手京子。

大学时期我曾有幸参加了一位教授主持的研讨会，这位教授在教育界德高望重、培养出了众多优秀的人才。原以为会十分严肃的研讨会自始至终都在一片欢声笑语中展开，让我至今都印象深刻。大家在会上自由地谈笑，还可以打断别人的发言并提出质疑，就这样又引发了新的一轮轻松的谈笑……

我也不知不觉地被这样的氛围所感染，跟着大家开起了玩笑。同时，我也在这欢声笑语中有了一个重大发现。表面上看大家只是在谈笑的间隙有一搭没一搭地发言，但实际上讨论的内容并没有脱离研讨会的主题，大家的意见也在这种氛围中悄悄地生根发芽。无论是各种新奇的想法还是小小的新发现，都在出席者的高谈阔论中逐渐成形并被一一记录下来。

当亲身经历了教授的研讨会后，我觉得自己已经发现了教授门下人才辈出的秘密。

后来开始学习心理学后，我用心理学再次证实了当时的想法是正确的。很多心理学上的研究已经证明，"笑"可以让人的身体和大脑彻底放松，进而让人的创造力也得到提升。

这种"笑"对于大脑尚在发育阶段的孩子作用更加明显。可以说，充满着欢声笑语的教育，是培养聪明孩子的第一步。

- "笑容"可以让身心得到放松，进而提高创造力。

16 做孩子的阅读榜样

以前我家的书柜里除了专业书籍之外，还摆放了许多适合孩子阅读的书籍。因为有研究方面的需要，所以这类书籍越攒越多。实际上，亲戚和朋友家的孩子比我这个主人翻阅这些书籍更频繁。

说是顺带产生的需求可能有点奇怪，但孩子确实是在阅读的过程中产生查阅字典或翻翻外语书籍的需求，并在这个过程中自然而然地对书本产生亲近感。

我身边有很多这样的例子，因此我打心底认为只要给孩子提供适当的环境，即使父母不做任何要求，孩子也会自主地爱上学习。想让孩子养成良好的阅读习惯，父母首先要做的不是去强迫孩子读书，而是在家里摆满书。

当然不能只摆书，接下来父母要做的就是自己先开始阅读，成为孩子的阅读榜样。只有这样，孩子才会在不知不觉中跟着父母读起书来，并逐渐养成良好的阅读习惯。换一个角度来看，估计没有比这个更轻松的教育方法了吧。

我曾听说过一个真实的例子。一个 5 岁的孩子非常崇拜自己的爸爸。爸爸经常读书的习惯让他觉得只要认真读书将来就可以成为爸爸那样的人，于是他也开始拼命地翻阅绘本。可以说，这位爸爸在不自觉的情况下成功地给孩子带来了十分正面的教育。

- 爱阅读的父母更容易培养出爱阅读的孩子。

17　不要禁止孩子爬高

NHK（日本广播协会）曾经制作过一期以孩子的视线为主题的电视节目。我作为节目的采访记者，在一段时间内保持与孩子同样高度的视线来观察、体验熙熙攘攘的东京街头。

当时的第一感受就是孩子的视线真的比想象中还要狭窄得多。行走在混杂的人群中就像陷入了人潮的深渊，四周全是由人围成的“悬崖峭壁”，除此之外，什么都看不到。

即使是视野稍微开阔一点的地方，从孩子的高度往四周望去，视线也很快就会被各种障碍物遮挡住。

通过这个实验，我不仅一下子明白了孩子总是喜欢往高处爬的原因，还深切体会到了为孩子创造从高处观察事物的机会对于拓宽孩子视野的重要性。

大家肯定都知道小孩子对于“扔高高”游戏的喜爱吧。

尽量提高孩子的视线高度，这与幼儿教育的先驱者玛利亚·蒙台梭利女士的观点也是一脉相承的。她说：“幼儿都渴求感官和印象，在平躺状态下观察到的事物远远无法让他们得到满足。”

父母单纯地以高处危险为理由禁止孩子爬高，这会让孩子失去改变对事物的既定看法以及拓宽视野的绝佳机会。在我看来，那些忽视拓宽孩子视野的教育方法都是极为愚蠢的。

- 高处是拓宽孩子视野的绝佳场所。

18 给孩子创造独处的空间

与欧美国家相比，亚洲国家的幼儿园十分注重集体教育，认为所有人都保持步调一致才是最好的。一旦某个孩子游离在集体之外，老师就会想方设法让他回归集体。

而欧美国家的幼儿园普遍提倡的则是注重培养孩子自主能力的蒙台梭利教育理念。他们教育孩子的原则是“当孩子专注于某一件事情时，即便是为了夸奖孩子，老师也不可以打扰”。

蒙台梭利认为思维活动本身就是在孤独的状态下进行的。在这种教育理念的影响下，欧美国家的孩子往往比亚洲国家的孩子更擅长独自玩耍。这大概是因为欧美的家长已经让孩子在日常生活中养成了在独处状态下思考问题的习惯。

成年人在思考某件事情的时候，往往也需要在独处状态下才能集中注意力。而对于很容易就被周围事物吸引注意力的孩子来说，更是如此。

因此，家长需要尽可能地为孩子创造一些独处的生活空间，这样才能更好地促进孩子开动脑筋、展开思考。

为孩子创造独处的空间是让孩子集中注意力开展思维活动的最有效的办法。

日本、中国等亚洲国家的孩子不擅长忍受孤单，就是因为缺乏这种孤独教育。如果说是孤独教育的缺乏妨碍了孩子思考能力的发展，那么作为家长，我们要做的就是尽早地为孩子创造能够独处的成长环境。

- 独处空间有利于促进思维发展。

19 让孩子自己照顾宠物

经常听到一些父母抱怨，在孩子的软磨硬泡之下养了宠物，结果没几天孩子就把当初照料宠物的保证抛到了九霄云外，最终还得由父母来帮着照顾小宠物。再怎么说宠物也是一条生命，父母实在于心不忍，于是不得不帮着照顾。这种心情常人也都能理解。

但是，我想指出的是，这种做法其实剥夺了锻炼孩子责任心的绝好机会。家长要学会克制，狠心让宠物受点委屈才能让孩子认识到遵守约定的重要性。在这个过程中，孩子必定能从中学到很多东西并获得成长。

我有一位研究心理学的朋友，他家里不仅养了小猫、小狗，而且还养了猴子当宠物。据说他一开始并不同意养这些小动物，也是磨不过孩子对动物的喜爱之情才同意养的。慢慢地，他发现其实养宠物对于孩子的智力发育也是有好处的。当然，他同意养宠物的前提条件就是孩子要保证自己照顾宠物的所有饮食起居。

在照料宠物饮食起居的过程中，孩子表现出温柔、替他人着想等这些人类最为宝贵的品质。

同时，孩子探索事物的兴趣也变得更加旺盛，有时还会指出一些连家长都未观察到的动物生活习性。这让我的朋友十分惊讶。不仅如此，孩子的学习成绩也有明显进步，感觉比请家教的效果都要好。

虽然没法确定这些好的转变都与养宠物有关，但如果孩子真心实意想养宠物，家长最好的做法就是不参与任何与宠物有关的照料事宜。甚至可以作为一项学习活动，让孩子在照料宠物的过程中做一些观察记录，这样能够有效地促进孩子的智力发育。

关键不在养宠物这件事本身的好坏，而在饲养方法上。恰当的饲养方法可以让孩子在照顾宠物的过程中学会各种各样的事情。相信我这个朋友的例子可以给大家提供一些参考价值。

- 照料宠物可以培养孩子的责任心、促进智力发展。

20 让孩子尽早接触外语

日本人经常被认为是最不擅长说外语的民族。这种情况当然是由多种因素造成的，例如日语的元音数量特别少以及日语是一种书面语而不是口语等。

但我认为，造成日本人外语差的最重要的原因还是我们在日常生活中接触外语的机会太少。直到最近，大家才能在地铁里听到用多国语言进行的语音播报，实际上，大多数日本人在很长一段时间内都没有机会接触外语。

也就是说，我们并没有相应的语言环境帮助孩子学好外语。加拿大语言心理学家怀尔德·彭菲尔德博士就曾指出了外语环境对于外语学习的重要性。

彭菲尔德博士认为，让孩子从小接触外语可以在孩子的大脑中留下深刻的语言印记，即便小的时候并没有记住这些外语，但当他们长大重新学习这门语言时却能以惊人的速度快速掌握。

彭菲尔德博士身边就有过真实案例。早前他曾带着 5 岁的儿子一同前往西班牙马德里，在那里生活过一段时间。他的儿子被送进当地的一所学校，在那里度过了三个月左右的学习时光，在此期间一直跟当地的孩子一起上课、一起玩耍，身处西班牙语的语言环境中。由于他的儿子没有正式学习西班牙语，因此离开西班牙后很快就忘记了这期间从其他孩子那里学会的一些词汇和表达。但令人意想不到的是，25 年之后已经 30 岁的儿子因工作上的需要居然开始正式学习西班牙语了。据说入门极快，轻轻松松就掌握了原以为已经忘得一干二净的发音，并且表达非常流利，一点都听不出带有加拿大人特有的那种口音。习得速度让他儿子自己都感到十分惊讶。

欧洲人常常被认为具有很高的语言天赋。这也是因为欧洲各国间在地理上离得非常近，相互间往来频繁，那里的人从小就耳濡目染接触多种其他国家的语言。也就是说，只要让孩子从小接触外语，就能为他们打下良好的外语学习基础。

当然，这里所说的外语语言环境并不局限于跟着外语老师学习。让孩子听广播或者电视中的外语节目也是十分有效的方法。但是有一点需要注意，千万不要强迫孩子，而是要想办法让孩子在非常自然的状态下接触到外语。这也是一种重要的育儿智慧。

- 适当的外语环境可以为孩子打下良好的语言基础。

第3章

恰到好处的沟通，促进孩子的身心发展

21 信任孩子

说到提高孩子智力、促进孩子能力发展的话题，不得不提到心理学家罗伯特·罗森塔尔的一个著名实验。

这项实验的内容是在一至六年级的学生中随机选择若干名学生，并将这些学生列入“最有前途者名单”，秘密告之校长及相应教师。令人惊讶的是，几个月之后名单上的这些学生的学习成绩真的有了很大进步。罗森塔尔将这种现象命名为“皮格马利翁效应(Pygmalion Effect)”。

皮格马利翁是希腊神话中的塞浦路斯国王，他爱上了一座少女雕像并深信这座雕像就是一位美丽动人的女子。后来他的这份真心感动了天神，最终那座雕像获得了真正的生命，变成一位美丽的人间少女。

人类的心灵也拥有着类似皮格马利翁的神奇力量。虽然一开始对方可能并不是我们所期望的模样，但只要我们从内心深处相信他们就是我们所期望的样子并真心地对待，那么我们的期望就会变成现实。

每一个人都无法脱离各种各样的人际关系，一旦自己获得他人的信任并被寄予厚望，我们就能十分敏锐地察觉到并竭尽全力想去回应这种期望。

罗森塔尔的实验告诉我们，想让孩子有学习干劲或者提高学习成绩，家长要做的就是深信自己的孩子一定可以做到。

父母对孩子有信心，即使没有将心里的想法明确表达出来，孩子也能在日常生活中感受到来自父母的这种暗示。这时，即使父母不催促孩子学习，他们也会积极主动地坐到书桌前开始学习。

比起絮叨和发牢骚，父母的这种“无言的信任”更有助于培养孩子主动学习以及认真对待每件事的好习惯。

- 父母无言的信任可以让孩子在不知不觉中变得更聪明。

22 间接地表扬孩子

生活中有很多间接表扬的例子，比如，晚上睡觉时，妈妈向爸爸讲述白天发生的事情，孩子无意中听到妈妈这样表扬自己：“咱家这孩子真厉害，他的表现真让我佩服。”老家来的奶奶回去之后，妈妈对孩子说：“奶奶说你的画画得好，让她很是惊喜呢。”

这种间接的表扬通常具有出人意料的魔力，激励孩子更加努力，取得更大的进步。

即便是成年人，在听到有人在自己不在场的情况下表扬自己时，也会感到开心。并且还会暗暗下定决心要更加努力，绝不能辜负了对方对自己的一番肯定。在促进孩子智力发育的教育中，这种方式同样适用。

也就是说，在教育孩子的过程中，无论如何都会遇到需要对孩子进行评价的场景。当发现孩子认真思考、记住了新知识或者动脑筋思考的时候，家长不仅可以当着孩子的面直接表扬他们，还可以尝试着不露声色地给予一些其他角度的肯定或表扬。这种评价通常不是故意迎合孩子的，因而也更加客观。孩子也更能感受到其中的真诚和分量，从而自发地为取得更大的进步而努力。

这里我顺带提一点，希望家长们注意。有些家长在自家孩子受到表扬时会故意表现得特别谦虚甚至趁机列举一堆孩子的缺点，这种做法是十分不可取的。当孩子受到表扬时，妈妈就大大方方地在孩子面前流露出心里的那份喜悦和自豪吧。

- 间接的表扬也能提高孩子的积极性。

23 先表扬再批评，最后鼓励

心理学上常常将“感化→信息→感化”作为说服他人的一种有效方法。换句话说，就是不可以将自己的观点简单粗暴地扔给对方，而要在观点前后用“感化”这种“糖衣”包裹之后再递出去。

设想一下你正准备教训孩子没把某件事情做好。不懂得批评方式的父母就会急于把孩子为什么失败以及在哪个环节没做好之类的问题一股脑儿地告诉孩子。

这种不分青红皂白一顿痛骂的做法，不仅不能让孩子积极地去思考自己失败的原因，反而会引发孩子的反感和抵触。即使父母责骂的音量再大，也无法让孩子心服口服。

相反，懂得正确批评的父母通常会先表扬孩子表现得不错，认可孩子所做的努力，也就是前面所说的“感化”；接着心平气和地指出孩子失败的原因，最后收尾的时候还不忘说一句“如果再注意一点，你的成绩就能取得更大的进步了”之类的话给予鼓励。

同样都是在批评孩子，后一种方法更有助于让孩子开动脑筋反思自己失败的原因，并积极地思考避免再犯同样错误的对策。只有父母学会了这种教育态度和批评方式，孩子才会不断进步。

关于这一点，某些由非专业选手参赛的比赛节目“歌手大赛”的评委们就做得特别好。这些评委们总是非常巧妙地运用“感化→信息→感化”的评价技巧，在指出参赛选手缺点的同时还能给予他们充分的鼓励。

- 先表扬再批评，最后鼓励的方式能够帮助孩子从失败中学习并成长。

24 不要在外人面前贬低孩子

父母经常会提醒孩子出门碰到熟人要好好打招呼，这是十分正常的做法。如果对方夸奖你的孩子“这孩子真有礼貌，学习成绩也不错吧”，父母通常会怎么回应呢？

你们是不是会觉得“嗯，这孩子表现还不错”“他学习还挺努力的”这样的回应会使孩子骄傲自满？因此通常故作谦逊地回答“哪里，这孩子总是干啥啥不行”“也没有那么聪明”……

实际上，父母不经意间说出口的自谦以及客套话往往很容易打压孩子努力的意愿，最终真的变成一个“笨孩子”。

曾有一个五年级男孩的家长来找我咨询，说他家孩子的成绩非常不理想。令我印象深刻也感到意外的是这个孩子每说完一句话总会提及“谁让我的记性就是不好呢”。

后来我问家长为什么孩子会这么说。果不其然，原因就是家长经常在别人面前客套地说自己的孩子记性不好。

就如这个例子中的孩子一样，父母虽然是出于自谦或者客套才那么说的，但对于还不太明白这种人情世故的孩子来说，他们很容易误将父母的自谦当成是父母对自己的真实评价。自己对父母寄予无限的信任却反复从他们的口中听到类似“孩子很笨”之类的评价，孩子在不知不觉中被不断地暗示自己是笨孩子，最终智力的发育也会受到影响。

如果希望自己的孩子更加聪明，那么父母就不要太在意大人之间的客套与面子，尽量避免当着孩子的面说打击孩子积极性的话。

- 父母过分谦逊会给孩子带来负面暗示。

25　不要随便评论孩子的外貌

虽然并不是所有人都能做到才貌双全，但现实中还是有不少人追求才貌双全，认为外貌好看的人通常头脑也很聪明。才貌双全的人其实并不是天生聪慧，如果硬要将二者关联起来，那只能说优越的外貌条件增加了他们的自信心，进而在这种自信心的作用下头脑得到全面发育，最终让他们变得非常聪明。

相反的，外貌条件不是那么优越也可能给孩子的大脑发育造成不可预料的严重危害。

如果父母没心没肺地当着孩子的面评论他们的长相，例如对着孩子说一些“你那塌鼻子简直跟你妈一模一样”“你这么胖估计是遗传了你爸”类似的话，会产生什么后果呢？

父母可能只是单纯地想通过这种方式缓解一下自己对孩子的不满，虽然只是半开玩笑式的打趣，但是也没有什么话能比这种关于外表的评论更伤孩子的自尊心了。更何况这些话还出自自己最信任的父母口中，孩子会感觉从心理上失去了父母的庇护，渐渐地也就没有了自信。

成年人在自尊心受到伤害的时候，通常都会出言反击来发泄自己的愤怒。但孩子在这种情况下只会茫然不知所措地将愤怒指向自己。

将愤怒指向自己的结果就是让孩子的内心逐渐萌生自己毫无用处的自卑感，甚至开始怀疑自己的能力。父母在不经意间说出的话，却会对孩子的智力发展产生严重的负面影响，被父母批评外貌对于孩子来说真的是极大的困扰。

一些看起来像是缺点的外貌特征，如果父母能够转变一下看法或调整一下价值观，也可能变成孩子的加分点。父母们在教育孩子的过程中一定要注意措辞，尤其要避免使用一些容易造成孩子自卑心理的词汇评价孩子的外貌，试着把负面的评论换成“可爱的小鼻子”“肉乎乎的真可爱”之类的表达，效果就会极为不同。

- 评论容貌会让孩子失去自信心，甚至阻碍孩子各项能力的发展。

26　不要总是命令孩子

父母用命令的口吻要求孩子做某件事，这其实是一种单向的沟通。在很多情况下，孩子表面上听从了父母的指令，但心里未必认可，只不过是机械地执行父母的命令罢了。

有一个关于日本现任天皇德仁小时候的十分有名的故事。当时他还是皇太子，有一位摄影师想抓拍一张他弹钢琴时的照片，但是一直抓拍不到一个好的角度。后来，美智子皇太后就朝皇太子问了一句："小仁，低音应该怎么弹呢？"皇太子听到母亲的提问后立刻转身朝左边按了一下低音键。正好这就是摄影师想抓拍的角度，这样摄影师终于拍到了一张非常完美的照片。

如果美智子皇太后当时不是用问句而是用命令口气要求皇太子弹一下低音，估计就拍不到那么自然的姿势了。美智子皇太后不愧是一名出色的儿童心理学家，她通过提问的方式完美地激发出了孩子的积极性和主动性。

如果希望孩子能够自发地去做某件事情，家长就应该像美智子皇太后这样用提问的方式进行引导，而不是简单粗暴地命令孩子。比如，在跟孩子确认出游的集合时间时，询问“你们几点集合来着”就比命令“你们不是 8 点集合吗？赶紧的”效果要好得多。

这样一来，父母的指令就不再是强制性的要求，而是变成一种非常自然的提示，有效地引导孩子独立思考之后再行动，而孩子的大脑在经过记忆、思考和行动等一系列活动后也会变得更加活跃、更加聪明。

- 在沟通中用询问代替命令有利于激发孩子的主动性。

27 避免使用“杀手语句”

一位朋友曾给我讲了一个他小时候的故事。一次绘画课上，老师让大家画小镇的风景。因为看到有很多根电线从眼前穿过，于是他就照实画了很多电线，没想到画完之后就没有多少空间可以画其他的东西了。后来他的班主任看了他的画，只是轻描淡写地说了一句“你这幅画好奇怪”。

在我的朋友看来，那些电线已经醒目到没有办法将它们排除在画面之外的程度，因此做了这样的构图安排。但得到老师的评价后，他只觉得老师说的是他这个人而不是他画的那幅画很奇怪。

很显然，这位老师忽视了孩子在画画过程中所特有的感受以及自己进行的独特思考，而是把老师自以为正确的方法或看法强加给了孩子。这种做法的后果就是让孩子按照特定的框架进行思考而无法自由地发挥自己的想象力。同时，还会让孩子彻底对自己的作品失去自信，也不再拥有热情和意愿去创作新的作品。

据说美国的一些公司明确禁止在创意讨论之类的会议上使用“杀手语句（killer phrase）”。因为如果上级管理人员用“你这想法太无聊了”“你再动脑子好好想想吧”这样的语句打击下属发表的意见或看法，后果只有一个，那就是再也没有人愿意开动脑筋去思考了。

这就是所谓的杀手语句，即那些对自由发言具有“封杀”效果的话语。这些杀手语句之所以能够发挥“杀手”的作用，主要是因为说话者对于听者来说是一种绝对的权威或者是其十分信赖的对象。

大家有没有无意识地对孩子说过一些杀手语句呢？应该不少家长都能想起来一些例子吧。

曾有一位家长看到孩子在画画就直接问道：“你画的是马？马的脸不是应该更长一点吗？”在孩子心目中，父母是自己毫无保留信任的人，可想而知，这些出自父母口中的杀手语句会给孩子造成多大的影响。

当父母要评价孩子的作品、语言或行为时，例如不太完美的绘画，不太流畅的歌声，还有充满童趣的折纸等，还是要尽量避免使用那些具有极大杀伤力的杀手语句。

- 注意日常表达，避免打击孩子的积极性。

28 多给孩子正面暗示

在思考哪些习惯或者教育方法能够让孩子变得更聪明时，父母平时的生活态度，特别是对待孩子的方式、沟通方法以及语言表达都是不可忽视的因素。

为了验证这些因素的重要性，我曾采访了各行业的顶尖人士，聊及了他们的儿时经历，并将采访内容命名为《儿时记忆》连载发表在了杂志上。

听了这些人的回忆后我发现他们都有一个共同的特点，那就是他们都是在“你肯定可以的”“你真聪明”“你将来肯定会有出息的”这样的夸赞和鼓励声中逐渐长大成人。

其中，一位著名的象棋大师是这样回忆他的幼儿时期的。

“当时，我的妈妈对算命先生说的话深信不疑，一直用‘你将来必定是大人物，能当大将军’这样的话鼓励我。听到的次数实在太多了，于是我也信以为真。既然妈妈都说了我将来能当上将军，那就没什么好担心的了。”

这其实就是一种心理暗示，尤其对于孩子来说效果更加明显。

这些精英人士的妈妈们无一例外都在不自觉的情况下运用了心理暗示法，有效地促进了孩子大脑的发育。

我有一位学生在企业里就职，有一天他跟我说他升职当上了科长。刚开始我还有点担心他能否胜任科长一职，现在看来我的担心纯属多余，因为他在科长的岗位上做得非常出色。

到底是先具备某种能力然后才能获得相应的职位，还是在某种职位上开展相关的工作后才会具备相应的能力？关于这个问题，相信大家会有不同的看法。

我认为大部分人都是在相应的职位上做出相应的行动后才能慢慢发展出与职位相匹配的能力。这一点对于孩子也同样适用。父母把孩子当作好学生来对待，慢慢地孩子就会变成一名真正的好学生。

然而，现实生活中很多妈妈都是一遇到事情就开口抱怨孩子太笨。不断地从最亲近、最信任的妈妈那里得到负面的语言暗示，即便是具有巨大发展潜力的孩子，也会渐渐失去成长动力，最终真的变成一个不聪明的孩子。

父母的话语就是孩子头脑发育最重要的“营养成分”。毫不夸张地说，虽然“你真聪明”和“你真笨”之间只有一个词的区别，却能决定孩子是越长越聪明还是越长越笨。

- 让孩子变聪明的最好办法就是反复暗示“你肯定行”。

29 毫不吝惜地夸奖孩子的特长

据说在竞技圈里有一个词叫“胜利势头”。在“胜利势头”的作用下，不论实际水平如何，一旦在某种机缘巧合下获得一次胜利后就能连连获胜，取得预料之外的辉煌战果。

实际上，孩子的大脑发育也有类似的规律。日本索尼公司的创始人井深大先生可谓是家喻户晓的企业家，但可能很多人都不知道的是，他实际上还是一名杰出的幼儿教育推进者。我曾听井深大先生说起他的大儿子在小学时期的一个故事。

井深大先生说，由于他的大儿子发育有点迟缓，刚进入小学的时候是一个非常自卑的差等生。有一天儿子突然提出来想学小提琴。可能是孩子对小提琴感兴趣的缘故，开始学习后进步得非常快，后来还在学校进行了表演。他在同学面前展示了自己出色的小提琴水平，因此收获了来自老师的表扬和同学们的赞美。从那以后，他的自卑感就消失得无影无踪，学习成绩也随之飞速提升。

“原来我也能做到”的体验让孩子开始对自己在其他方面的能

力也产生了自信。

既然这件事情我能做好，那么其他事情估计也难不倒我吧。这种自我暗示逐渐转化成内在的自信并像“胜利势头”一样激励孩子在各个方面取得更好的成绩。

近年来，在各方面都能达到平均水平的孩子越来越多，但绝大多数也都是表现平平，少有突破。其实，对于孩子来说，还是得有一项自己特别拿手的本领，这样才能激发孩子在其他方面的自信，进而获得更加全面的发展。

只要有助于提升孩子的自信心，用什么作为切入点其实都无所谓。无论哪个领域，只要能获得“胜利势头”，都会对孩子的大脑发育产生积极的影响。父母最需要下功夫的，就是为孩子创造获得“胜利势头”的机会。

- 发展孩子的特长，帮助孩子赢得“胜利势头”。

30 使用正确且完整的句子与孩子沟通

有一位妈妈听到孩子说“牛奶”时，她会习惯性地放慢语速反问孩子：“牛奶有什么问题吗？”作为妈妈，她虽然很清楚孩子就是想要喝牛奶，但是她仍然会通过提问的方式，想让孩子月“请给我牛奶”这样的句子来表达自己的需求。

这位妈妈的初衷应该是希望通过这样的形式培养孩子的社交礼仪。实际上，这种做法可以在不知不觉中促进孩子的语言发育。

幼儿用语中常常会出现类似“我、小美、去、公园”这样的电报体。语言心理学上称之为“模仿简化”。

孩子的这种“模仿简化”，就是把妈妈完整表达中的名词、形容词、动词等能够表达意思的关键词汇（语义词）抽出来，然后再组织成自己的语句。

这些都是表达语义不可缺少的词汇，因此妈妈在和孩子对话时会特别注意这些词汇的声调。由于孩子的语言能力还未发育完全，他们只记住了妈妈重点强调的那些词汇，于是就形成了这种简化的语句。

在这种情况下，如果父母能够有意识地帮孩子补充他们遗漏的词汇，引导孩子用完整的句子表达，将有助于促进孩子语言能力的提升。

以上面提到的“我（和）小美去公园（了）”为例，父母要做的就是帮助孩子把传达意思的词汇（语义词）间的连接词补充完整并引导孩子用完整的句子重新表达出来。

估计很多妈妈都会这样下意识地帮助孩子纠正“原来是这样啊，你和小美去公园了，对吧”。这种做法叫“魔方扩充”。

父母坚持在日常对话中不断地帮助孩子补充连接词，这种做法能够让孩子快速获得强大的语言表达能力。

当然，这种做法不仅仅局限于连接词。也可以像开头所举的例子那样，当孩子说出“果汁”等单个词汇的时候，父母可以引导孩子学会用“我想喝果汁”这种完整的句子来表达。

正确且完整的语言表达是提升孩子逻辑思维的基础。

- 学会使用连接词，有助于促进孩子逻辑思维能力的发展。

正向引导，让孩子学会自主学习

31 让孩子做自己感兴趣的事情

任何时代都有关于琴棋书画的才艺教育。“才艺”可能是一个容易让人误解的词，以至于很多家长认为孩子的才艺应该多多益善。于是，不管是什么才艺，都想让孩子学。

不仅如此，很多家长还认为孩子越早学才艺越好。于是让还在上幼儿园的孩子开始学英语、学钢琴，还要给孩子请家庭教师或报辅导班来学习数学和语文。家长的疯狂程度令人咂舌。

家长对孩子的教育如此上心，实在令人佩服。但是，我也想提醒家长，逼迫孩子学习各种所谓的才艺，不仅不能让孩子变得更聪明，还会阻碍孩子的智力发育。在家长的逼迫下学习才艺，孩子的才艺潜能不仅得不到有效开发，反而可能会被无情地扼杀。

不久前有一位妈妈向我咨询，她说：“我们家孩子最近总是无精打采的，做什么事情都没法集中注意力。”

跟她细聊之后得知她的女儿才四岁。四岁的孩子，居然不仅要上绘画课，还要上一对一的钢琴课以及英语口语辅导课，并且每种课都是一周两次。

这种高强度的课程安排，必然会导致孩子身心俱疲。别说是才艺课程，估计连玩要都不感兴趣了。

都说“兴趣是最好的老师”，让孩子做自己喜欢做、愿意做的事情，才能有效地开发孩子的潜能并培养孩子的专注力。

在我看来，按照父母的期望或者兴趣逼迫孩子学习各种才艺，这与对孩子的身体和精神进行虐待没什么区别。

特别是那些比较敏感的孩子，他们在跟外界打交道时总是小心翼翼的，导致他们的疲劳感比一般的孩子要强烈得多。他们无精打采的样子，在某种意义上可以说是在无声地反抗来自父母的精神虐待。

- 逼迫孩子学习才艺，是对孩子进行精神虐待。

32 不允许孩子拿“学习”当挡箭牌

虽说学习都是为了让孩子变得更聪明，但建议家长平时不要过于频繁地跟孩子强调这一点。孩子意识到家长的这种“良苦用心”后，一旦碰到一些他们觉得有点难度的事情，就容易拿学习作为逃避的借口。这对于孩子的智力发育没有任何好处。

“我在学习呢，你们安静点行不行”，估计很多家长都对孩子的这句话没辙吧。对于孩子来说学习这件事就是无所不能的“尚方宝剑”。只要亮出“学习”二字，什么家务、收拾房间，统统都可以不做，还有比这更好用的“武器”吗？

现在的父母只要一听到孩子说“没看到我在学习吗”就会连连点头，原本想提的要求也就作罢。就这样，孩子的要求几乎全部得到满足，表面上看确实是为孩子创造了一个有利于学习的环境。然而，这种有求必应的舒适感也会带来一系列的问题。如果放任孩子待在这种舒适区，他们很容易因为心理上的“饱和”而陷入发呆的状态，既不能集中精神学习，也无法吸收学习的内容。

学习的动力源自某种匮乏感和饥饿感。所处的环境过于舒适，没有任何匮乏感和饥饿感可言，学习的动力也会被扼杀。只有感觉到某种欠缺，内心才会滋生出弥补欠缺的动力，进而转化为学习的意愿和积极性。有位心理治疗师曾说过："现在的父母最难做到的就是要学会不给孩子提供太多东西。"

从这个角度来看，在那些无法提供良好学习环境的年代，父母们反而是无心插柳柳成荫，为孩子提供了非常有利于激发学习动力的环境。

父母无微不至的照料，不仅不能让孩子的学习更轻松，反而会扼杀孩子的学习动力。

据说日本江户时代后期的农政家、思想家二宫尊德以及德国文学家埃里希·凯斯特纳，他们小的时候都要花很多时间帮忙做家务，做完家务有富余的时间才能用于学习。正因为学习时间如此宝贵，他们才能全神贯注地投入到学习当中。

从古至今很多伟人和杰出人物都是在逆境中成长的。他们的成长经历告诉我们，有了匮乏感和饥饿感，人才会有拼搏的斗志。

人的心理非常不可思议。一直谋划着要做某件事，可一旦做好了万全的准备，却没有了当初的干劲。

如果父母认同并允许孩子随意用学习当作挡箭牌，那么可以很肯定地说，这种家庭很难培养出聪明的孩子。

不妨试试让孩子把帮忙做家务放在第一位，从小锻炼孩子的毅力，这样反而是培养聪明孩子的捷径。

当孩子以学习为借口逃避父母安排的家务时，最明智的做法是明确地告诉孩子“学习可以先放一边，快来帮忙吧”。

- 专注力和学习动力源自匮乏感和饥饿感。

33 让孩子自己权衡利弊和得失

我一位朋友家的孩子从小学到初中一直都在私立学校读书。升高中的时候，孩子突然提出自己想上公立高中。我的朋友觉得十分可惜，因为孩子当初好不容易才进入这种直通大学的私立学校。于是，我建议那位朋友让孩子自己先列一个利弊清单。

继续读私立高中会有什么好处和坏处，进入公立高中学习又会有哪些利弊，把这些一一列举出来做一下比较。

通过列举清单可以让孩子做一个深度思考：应对这种高强度的教育有哪些利与弊？相对温和的公立教育能给自己带来什么？自己又将失去什么？这些对于自己来说是好事还是坏事？

孩子经过思考之后做出了什么样的选择并不是关键。我想强调的是让孩子自己权衡利弊和得失，往往能起到意想不到的效果。在孩子还小的时候，像去哪所学校上小学这样的事情，很大程度上都是由父母来判断并决定的，孩子能做的只是听从父母的安排。而孩子借升学的时机提出想要更换学校，或许就是出于对父母所做安排的反抗心理。家长也可以借这个机会好好回顾一下自己迄今为止的教育方式。

在企业管理中也经常强调要重视目标管理。据说管理者们经过反思意识到，从上往下制定奋斗目标是员工丧失工作热情的最主要原因。目标管理指的是按照员工的能力水平制定合理的工作目标，从而有效激发员工的干劲，即调动员工的内在积极性，最终为企业带来收入和利润。

虽然这种管理方式也会有各种问题，但可以很肯定地说，在教育孩子的过程中父母单方面地为孩子制定目标，这种做法也是行不通的。“好好学习，考出好成绩”“你必须努力学习考上重点中学”，这些应该都只是家长们的目标吧。

很多父母在职场上作为管理者时总是会绞尽脑汁研究各种管理方法，但是对于孩子的教育却只会沿用老一套的做法，霸道地给孩子制定各种学习目标。这究竟是为什么呢？

想让孩子养成独立思考的习惯，那么在要求孩子思考和努力之前，就要让孩子先认真思考一下“思考”和“努力”本身的意义是什么。

对孩子来说，认字能够帮助他看懂电视节目表，这种好处要比提高学习成绩实在得多。只有让孩子自己设定这种特别直接的目标，他们才会自主地萌生认字的意愿。父母单方面地为孩子设定目标，这种做法往往很容易让孩子忘记独立思考的重要性。

- 让孩子自己权衡利弊得失，有助于锻炼孩子的思维能力。

34 关注孩子答对的题目而不是错题

很多家长帮孩子检查试卷时都会认为打钩的题目孩子都会了，没有再看的必要。因此，他们总是盯着那些错题，追着孩子问答错的原因。

从家长帮助孩子解决问题的角度来看，这种做法其实是欠妥的。曾有一位大学教授通过问答实验得出了一个非常有意思的结论。

实验目的是为了研究语言上的鼓励和批评是否会对问题的解决产生影响。他将孩子分为三组并分别进行了提问。

针对第一组孩子，当他们回答正确时回应“好，回答正确”，回答错误时则回应“不对，回答错误”。

针对第二组孩子，仅在他们回答正确时回应“好，回答正确”，回答错误时则不作任何回应。

针对第三组孩子，仅在他们回答错误时回应“不对，回答错误”，而回答正确时不作任何回应。

实验的结果是：当问题相对比较简单时，仅在回答错误时被回应“不对，回答错误”的那一组成绩最好；而当问题有一定难度时，则是仅在回答正确时被回应“好，回答正确”的那一组成绩最好。

通过这个实验可以发现：当孩子面对比较难的问题时，指出他们的正确回答比指出错误回答更有助于发散孩子的思维。

孩子本来在面对困难的时候就比较容易丧失自信。在这种情况下，父母再去指出他们的错误，这种做法显然很不明智。倒不如只关注他们的优点并引导他们打开正确的思路，这对孩子的成长更有益处。

- 针对难度较大的问题，不要只关注错题，也要关注孩子回答正确的部分。

35 尝试在孩子得到满足前按下暂停键

对于现在的年轻父母来说，没有电视的年代估计都可以用“古时候”来描述了。当时日本东京映画公司的武打电影就跟现在的电视剧一样，采用的是连续播放的方式。

电影通常都是在主角或者英雄人物千钧一发陷入危机时戛然而止，后续内容要等到下一周才能看到。电影公司的这种做法具有很好的效果，让观众们在接下来的一周内都对电影的后续情节念念不忘。

俄罗斯心理学家布卢玛·泽伊加尔尼克的研究表明，人对于中途被打断的内容反而记得更牢，并且会在大脑中反复回放，也就是回想起来的频率更高。这是因为感兴趣的内容被中途打断后，人的大脑会产生一种强烈的紧张感并长时间延续。

就好像在读到悬疑小说的高潮部分却由于某种原因不得不停下来时，我们就会十分在意后面的情节发展，恨不得把剩余部分一口气看完。估计大家都有过类似的体验吧。电视剧总是在观众最期待后续情节的时间点说“下周再见”，利用的就是观众的这种心理。

因为在这种情况下，大家的记忆总是格外深刻并能牢牢记住故事的情节。

在教孩子学习新知识时，也可以借鉴这种中途故意暂停的做法，在孩子觉得最有意思的时候按下暂停键。当然这种做法的效果依情况而异，但多数情况下孩子都会变得更有动力，催促家长继续往下教并且他们也会记住更多的内容。

另外，也不能一看孩子学习热情高涨就顺势教孩子太多东西。因为孩子兴趣的持续时间要比成年人短得多，一下子教太多反而会引发孩子的腻烦心理。而且，一下子接收过多的信息会让孩子在精神上处于“饱腹”状态，导致他们的头脑不再需要外部提供更多养分。在这种状态下，孩子的记忆力就会衰退，也就记不住家长灌输的任何内容了。

- 巧妙利用中途暂停的方法，有助于增强孩子的记忆力。

36 让孩子自己设定目标

近年来，在全球化的背景之下，英语教育可谓愈发火爆。在日本，那些具有英语特色教学资质的学校，咨询热线会被家长们打得几近瘫痪。

那么，实际情况又是如何呢？最近看到一篇新闻报道说，现在的很多年轻人并不清楚那些成为热点话题的国家具体在什么位置。估计很多人都抱有跟我一样的疑问：我们常常挂在嘴边的“全球化”到底是什么呢？

那些从小就要求孩子认真学英语，不断提高英语水平的家长，估计是对自己心有不甘，苦学了十多年英语却还是不能用英语与外国人沟通，所以才希望自己的孩子能够有所突破吧。

对于孩子来说，超前学习英语又是什么样的感受呢？实际上，在孩子并不知道自己“为何而学”的情况下，家长说得再多，也难以激起他们的学习热情。就像一只还未确定目的地就启航的船只，注定只能漫无目的地在海上漂浮。

我一个朋友的女儿是美国电影演员詹姆斯·迪恩的超级粉丝。

据说她为自己设定了非常明确的英语学习目标——不借助字幕直接听懂他说的台词。这成了她努力学习英语的强大动力。

就像这个孩子一样，不是自己设定的目标，就很难有行动的动力。对于还处在幼儿阶段的孩子来说更是如此。

大部分父母会习惯性地要求孩子“今天做这个题”“今天要做到这里为止”，以为这样是为孩子提前设定目标。其实这种做法很容易让孩子产生敷衍了事的心态或者给他们带来挫败感。

因此，要让孩子从小尝试自己设定目标，让他们在一定程度上对自己的未来负责，这是家庭教育中不可或缺的一个环节。这样一来，随着年龄和能力的增长，他们就能设定出与自己的年龄及能力相匹配的具体目标了。

父母的教育责任并不是单方面地为孩子付出，而是在成长道路上引导孩子自主思考，并在必要时为他们提供合理的建议。

就好比如果让两三岁的孩子玩稍微复杂一点的组装玩具，他们可能玩一会儿就不想玩了，但年龄稍大的孩子就能玩很长时间。这是因为大一点的孩子头脑中已经对玩具组装有了比较清晰的目标，并且能够预见到达成目标所需要克服的困难。

- 自己设定的目标才有实现的动力。

37 从具体的事物开始教

“石井式认字教育法”因其良好的教学效果受到大家的推崇。提倡该教育法的石井勋先生认为，孩子更容易记住那些看起来比较复杂的汉字。例如，对于孩子来说“蚁”（日语汉字为“蟻”）字要比“虫”（日语汉字同为“虫”）字更简单，因为“蚁”字比“虫”字更容易让人联想到汉字本身所代表的具体事物的形象。

这种说法运用了一种原理，即事物与其名字间的关系越具体，孩子就越容易辨别。因此，我也十分赞同石井勋先生的理论。

苏联语言心理学家亚历山大·鲁利亚曾用实验证明了这一结论。他以一岁半至两岁半之间的孩子作为研究对象，让他们识别红箱子和绿箱子。

虽然这看起来非常简单，但对于幼儿来说却不是一件容易的事情，因此一开始孩子都回答不上来。接着，他将箱子分别命名为“红”和“绿”后再次进行实验，结果孩子很快就认识了。

之后他又让三至五岁的孩子辨别命名过的正三角形和倾斜四方形，但结果不是很理想。最后他发现，命名对于五岁以上的孩子才有比较明显的认知效果，识别的错误率从二分之一下降到了三分之一。

这个实验的结果表明，事物的复杂程度不同，命名起到的效果也不一样。对事物进行命名不仅仅是称呼上的便利，而且能够帮助孩子学会区分事物间的差异性并培养其辨别事物的能力。

因此，可以借鉴“石井法”来培养孩子的辨别能力。当孩子问“这是什么”时，家长该怎么回答呢？

这时最好不要简单地回答“这是花”或者“这是汽车”，而要用类似“菊花”“波斯菊”或者“公交车”“卡车”等可以明确区分事物特性的名称做出具体的回答。这样才能让孩子辨别事物的能力逐步得到提升。

与此同时，家长也可以在日常生活中扮演提问者的角色，经常问问孩子“这是什么东西呢”。这种做法也有助于孩子进一步提升辨别事物的能力。

- 说出事物的具体名称，有助于提升孩子的辨别能力。

38 从身边的事物开始教

这一节我想继续聊一聊“石井式认字教育法”。正如上一节中介绍的，石井教育法关注的不是汉字的复杂程度，而是强调要从具体的东西以及身边的事物开始教。

例如“九（日语汉字为“九”）”“鸟（日语汉字为鳥）”以及“鸽（日语汉字为鳩）”这三个汉字中，显然“鸽”字的笔画最多、看起来难度最大，但由于孩子都认识鸽子这种鸟类，因此反而很快就记住了这个字。

“鸟”是从“雀”“鸡”以及“燕”等动物中归纳出来的一个集合概念。因此，对于孩子来说，“鸟”字要比“鸽”字难记得多。而“九”等数字则是完全抽象的概念，因而难度也更高。

然而，现在的小学教材都是按照“九”到“鸟”的顺序教孩子，即先教笔画简单的汉字。而石井教学法将汉字的“读”和“写”分离，是一种非常出色的教学方法。

美国的学校在教孩子认单词时采用的也是从“身边的事物开始

教”的教学方法，即“杜曼教学法”。这种教学法可以从孩子两岁前开始，先从孩子身边的事物开始教，然后再逐步地扩展到其他事物上。

例如，先教孩子学会说“爸爸”“妈妈”，接着学“手”“头”等身体部位，然后再扩展到“电视”“门”等距离孩子稍远一点的事物。

在教孩子识字的过程中，刚开始可以用又红又大的字让孩子留下深刻印象，然后逐渐缩小字体，最后再用黑色的小楷字体。这种循序渐进的做法可以让孩子很自然地开始亲近文字，并在十分轻松的状态下记住许多汉字。

- 先教孩子笔画多但形象很具体的汉字。

39 帮孩子建立物品的守恒概念

有强迫症倾向的妈妈总是喜欢干净整洁，她们会把家里收拾得整整齐齐，连碗橱也要在指定位置整齐划一地摆放着相同品牌、相同形状的杯子才行。

这种做法当然无可厚非，但我觉得如果妈妈能够准备各种不同形状的杯子，会更有利于帮助孩子建立关于物品的守恒概念。

“守恒”指的是物体的体积或重量，只要不人为地减少或增加，就不会因其形状或位置的改变而发生改变。

瑞士儿童认知发展心理学界的泰斗让·皮亚杰曾做过一个实验。在实验中，他让孩子尝试将等量的水从细长的容器转移到矮胖的容器中。

通过实验结果发现，即使把等量的水从一个容器转移到另一个容器，较小的孩子仍然认为水的量会随容器的形状发生变化。这虽然只是皮亚杰守恒实验的一部分内容，但由此可以得知在这些孩子的头脑中还未形成相应的守恒概念。

实际上，守恒概念的建立是孩子认知发展的一个重要里程碑。父母可以借助喝果汁的机会把果汁倒入不同形状的杯子中让孩子进行观察，这种训练可以帮助孩子尽快建立物品的守恒概念。

- 替换果汁的容器，帮孩子建立物品的守恒概念。

40 问问孩子画的是什么

不久前，我观看了一期 NHK 的《课外授业·欢迎前辈》节目。给孩子上课的是一位画家，他在体育馆里铺了一张超级大的画纸。课堂上的第一件事就是让每一位同学一边做自我介绍一边在画纸上画一条代表自己的线条。

一位身材瘦小的孩子说自己想变得强壮，于是画了一根又粗又壮的线；一位正在练体育项目的孩子画了一根代表胜利的线；还有一位孩子表示他想超越现在的自己，于是画了一根非常有速度感的线条。

猛然一看这些线条就像是杂乱无章的涂鸦，但综合起来看却有一种不可思议的和谐感。加上每一个孩子赋予线条的意义，不禁让人萌生出一股莫名的感动。

或许这些孩子的潜意识里一直都保留着小时候所画的内容。孩子一般会从 3 至 6 岁之间开始画一些比较像样的东西，并慢慢地开始学会给自己画的内容命名。

有研究表明，在 3 岁左右，90% 的孩子都不会给自己所画的内容命名，只有 10% 左右的孩子会在画好内容之后再命名。到了 4 岁左右，不给自己的画命名的孩子减少到 18% 左右，并且有 37% 的孩子在绘画过程中就想好了名字。而到了 5 岁之后，80% 的孩子都会在开始画画前就事先想好了画的名字。

这里值得注意的一点就是在下笔前并不清楚自己要画什么内容的阶段，孩子会在画完之后或者画的途中为自己的画命名。这表明孩子在这个阶段的画在大人看来可能就是乱涂乱画，但是对于孩子来说是有一定含义的。对于这个阶段的孩子来说，用语言表达有一定的难度，因此他们更喜欢通过涂涂画画的方式把内心难以用语言描述的想法表达出来。

因此，即使孩子的画看起来乱七八糟、不成样子，父母也不要加以阻止，可以趁机多和孩子互动，问问孩子画的是什么。这样的询问可以让孩子从认知的角度审视自己画的内容，对自己心里那些朦朦胧胧的想法进行重新整理并挖掘出新的意义。同时，通过这种命名训练，孩子的绘画也会具有更清晰的形象。

- 父母的提问可以帮助孩子认识“乱涂乱画”的意义。

让孩子自主思考，培养主动寻找答案的敏捷思维

41 反复进行“三段式教学法”

刚出生没多久的婴儿是真正意义上的什么都不懂。肚子饿了哭，尿了也哭，完全凭借本能求生存。

出生后不久，像白纸一样的婴儿慢慢地开始认识周围的事物。而在这个过程中，父母的引导发挥着十分重要的作用。也就是说，让孩子变聪明的教育是从孩子呱呱坠地那一刻开始的。而“三段式教学法”——通过反复询问孩子“这个是××”“哪个是××”“这是什么”的做法，可以让孩子变得更聪明。

这是19世纪著名教育学家爱德华·塞金博士通过实验证实的结论。塞金博士认为，让孩子分三个步骤认识事物能够有效提升孩子的思维能力。

以认识铅笔为例，将铅笔、钢笔和毛笔同时摆放在孩子面前。第一步，拿起其中的铅笔告诉孩子：“这个是铅笔。”

接下来第二步，将铅笔放回原来的位置，然后询问孩子：“哪个是铅笔？”并让孩子做出选择。

第三步，拿起铅笔问孩子："这是什么？"

这种通过"这个是（命名）""哪个是（辨别）"以及"这是什么（确认）"进行问答的方法就是"三段式教学法"。反复进行这种训练有助于培养孩子的思维能力。

- 反复进行"三段式教学法"有助于提升孩子的思维能力。

42 多让孩子思考某个物品是否还有其他用途

年轻时，我曾帮一家出版社出过入职考试的题目。我一直觉得从事出版相关工作的人必须具备自由开阔的思想以及新颖独特的思维方式。于是我出了这样一道题目：给每一位应试者发一份报纸，然后让他尽可能多地回答出这份报纸可以有哪些用途。

据说这道题目难倒了不少应试者，绞尽脑汁才想出几个用途。但对于打分的考官来说，阅卷却是一件十分有意思的事情，因为这是一道没有标准答案的开放性试题。

有一位诗人曾说过："人与物之间的关系越随意则越精彩。"

以一支钢笔为例，对于只会将其作为书写工具的成年人来说，他们与钢笔之间的关系并不是灵活的，而是一种固定的关系。

然而，当你递给孩子一支钢笔时，他可能会把它当成糖果一样舔一舔，或者当成小树枝折一折，甚至当作一把枪挥舞着玩耍。孩子与物品之间的关系要比成年人更加灵活多样。

父母适当地帮助孩子进一步延伸这种灵活性，可以培养孩子多角度思考问题的能力，进而培养出从一到多的发散思维能力。

报纸就是一种很好的训练素材。虽然报纸在每个家庭都很常见，孩子也会经常接触到，但用途却极为有限，除了阅读好像也就没有什么其他的用处了。包裹东西曾是报纸的一种常见用途，但在包装纸种类繁多的当今社会已经很少看到还有人用报纸做包装纸了。家长们可以多尝试利用这种用途通常比较固定的物品，为孩子创造更多开动脑筋思考的机会。

递给孩子一张报纸，估计他会把报纸卷一卷折成望远镜，或是卷成更细的棒子然后用来拍球。孩子自由地发挥想象力，为物品想出各种各样的用途，并在这个过程中认识到人与物品之间的关系可以是多种多样的。

看到孩子摆弄尚未翻阅的报纸时，家长千万不要训斥或阻止孩子，而应该试着多鼓励孩子："你做的是望远镜吗？真厉害！还能做出其他东西吗？"

此外，家长还能从孩子在过家家游戏中的表现获得一些启发。

孩子在过家家的时候可以把豌豆当作土豆、把案板用作小玩偶的床铺等。他们不会拘泥于工具或者其他物品原有的用途，而是下意识地发挥自己丰富的想象力，跳出固有的思维框架，灵活地为物品设定各种用途。

让孩子尽可能多地列举日常物品的用途，有助于进一步拓宽孩子的想象力，进而提升他们的创造力。

家长可以试着拿出一只勺子然后问孩子："你知道勺子都有哪些用途吗？"曾有一个五岁的孩子一口气说出了"吃饭""喝

汤”“挖沙子”“掏耳朵”“当铁锹”“用作刀”等二十多种用途，着实让我大吃一惊。

美国的一些教育研究者也曾对学龄期的孩子做过同样的测验。据说有个孩子居然能为砖头列举出四十余种用途。如果父母和孩子一起参与，孩子在父母的引导下肯定会想出更多的用途。不过，跟孩子比试独创性，父母不见得就能赢过思维敏捷的孩子。好好保护孩子敏捷的思维能力，这是父母最重要的教育职责之一。

可以将这种训练融入亲子游戏中。例如拿出一些纸并用透明胶带把勺子、叉子和牙签等粘在上面，然后分别用红字和黑字将孩子和父母的回答记录在纸上，看谁答得多。这种轻松有趣的亲子互动游戏既能增进亲子感情，又可以达到训练孩子发散思维能力的目的。

- 让孩子自由思考，培养创造力和灵活性。

43 口头安排任务

新年伊始，日本综艺节目《第一次跑腿》如约而至。节目里的每一个孩子都在努力地突破重重困难，他们的表现一直牵动着观众们的心。记得有一个片段特别有意思：孩子出门的时候嘴里不停地重复着妈妈吩咐要买的东西，生怕自己忘记，结果因为途中遇到了一点小麻烦需要处理，等他到达商店时，嘴里说出来的内容已经不是出门前妈妈交代的事情了，这让店员很是困惑。虽然现在回想起来还会觉得很好笑，但我想说的是，像这样让孩子帮忙跑腿买东西或者帮父母传话，其实对于锻炼孩子的各项能力都具有非常好的效果。

父母在这个过程中稍微再给孩子增加一点难度，例如直接口头给孩子安排任务，而不借助笔和纸。这种训练能够有效地锻炼孩子的大脑，尤其是孩子的记忆力。记忆力就是将所接收到的信息转换成文字、记号或者某种形象存入大脑中，等到有需要的时候再提取出来的一种能力。

因此，不借助纸张只依靠记忆力回想信息，有助于锻炼大脑对信息的存储和提取能力。当然，年龄还比较小的孩子可能很难一下子达到这种要求。那么，可以在孩子小的时候先尝试下面的这种“三阶段练习法”。

第一阶段，把交代的任务写在一张纸上并让孩子记住。如果孩子还不认识字，也可以用简单的示意图或者记号代替文字。然后把写好的纸张折起来放进孩子的口袋，并告诉孩子只有在实在想不起来的时候才可以看。

第二阶段，等到孩子不看纸张也能记住父母吩咐的任务时，当着孩子的面把纸张撕掉。

第三阶段，确认孩子已经对自己的记忆力非常自信时，就不再借助纸和笔，完全通过口头安排任务。

通过以上这种训练，四岁左右的孩子也能在一个月内达到第三阶段的水平。

- 口头安排任务有助于增强孩子的记忆力。

44 同时安排多项任务

家庭主妇最让我佩服的地方就是她们常常能够同时进行好几件事情。例如，早起后可以一边准备早餐一边看报纸并打开电视确认天气情况，还可以通过观察家庭成员的脸色确认大家的健康状态，是否有着凉感冒了之类的症状。

因此，当有人跟我抱怨做家庭主妇有多无聊时，我总是回答说："家庭主妇可是智慧的代表，她们的能力几乎可以跟圣德太子[1]匹敌呢。"因为有传闻说圣德太子可以同时倾听七个人跟他说话并且能够分清每一个人所说的内容。

当然这只是一个比较极端的例子。能够同时开展多项工作的妈妈在吩咐孩子做事情时却坚持一次只说一件事。这是为了避免孩子混淆，特意在吩咐完一件事情并且孩子完成之后再安排另外一件事情。虽然这种做法看上去比较贴心，但实际上对于孩子认知能力的发展却没有益处。因为一次只说一件事，孩子就只会死板地按照家

1 日本飞鸟时期的思想家、政治家。

长的吩咐去行动。

如果一次同时吩咐多件事情，情况就会很不一样。由于内容很多，会让孩子的内心燃起一种紧张感，动用全部脑细胞想要记住父母说的内容，并努力思考要按照什么样的先后顺序、用什么方法才能顺利完成这么多项任务。例如，妈妈吩咐孩子："你出去玩回来后，帮我买点豆腐和土豆，院子也别忘了打扫哦。"这时孩子就会开动脑筋思考并快速做出安排：帮忙跑腿的事情可以玩好之后再去，但是天黑之后就没法打扫院子了，所以出去玩之前得先把院子打扫干净……机灵一点的孩子可能还会想到安排一起玩的朋友去帮忙买东西呢。

此外，孩子可能还会进行更多关联思考：豆腐很容易碰坏，所以要等到最后再买等。通过这种方式，孩子就能自然而然地学会如何安排事情的先后顺序以及高效完成任务的方法。

- 同时吩咐多件事情，为孩子创造思考优先顺序以及提升做事效率的机会。

45 故意提出一些无法简单回应的问题

有一位女士说她和丈夫吵架后可以三天甚至四天都不跟丈夫开口说一句话。这一招对她丈夫特别管用，最终总能让他服软，先向妻子道歉。

她的妹妹听说后打算采用同样的方法对付自己的丈夫，但是坚持不到一小时就以失败告终。她妹妹笑着解释说："我老公特别狡猾，他老是问一些让我不得不张嘴回答的问题。"原来如此，提问一些无法通过点头或摇头来回应的话题就能轻松拆解妻子的招数了。不得不说这位丈夫的做法实在是太机智了。

新闻记者做采访时有一个需要特别注意的技巧，那就是避免向受访者提出一些可以用"是"或者"不是"来问答的问题。

例如"你是千叶大学的学生吗""是的"，"是理工科吗""不是"，类似这样的提问方式根本无法从受访者那里获得除了"是"或者"不是"以外的其他有价值的信息。

如果换成"你觉得千叶大学怎么样"这样的提问，受访者就不得不开动脑筋梳理自己的想法直到做出相应的回答。

因此，优秀的采访者总是会注意避免提问一些只需回答“是”或“不是”的封闭性问题。他们总是巧妙地充当引路人的角色，引导受访者做出富有特色的个性化回答。

父母跟孩子对话时采用这种“采访式”提问也会起到很好的效果。经常会发现一些父母在跟孩子对话时，总是一开始就限制了孩子的回答内容，让孩子没有机会自由地表达自己的想法。

如果用“那个是邮筒吗”这种方式向孩子提问，那么孩子的回答只能被限制在“是”或者“不是”的范围内，根本没有可供孩子独立思考的空间。

因此，父母向孩子提问时一定要注意提问的方式，要让孩子至少可以针对“什么”“在哪里”“怎么样”“怎么看”这几点做出回答。这样不论是孩子的思维能力还是表达能力，都能得到有效的锻炼。

- 无法用“是”或“不是”回答的问题有助于提升孩子的思维能力和表达能力。

46 为孩子提供独自花钱的机会

日本从古时候开始就有将金钱视为不净之物的观念。即便家里再贫穷，父母也不会向孩子透露任何关于家庭经济情况的信息，因为大家普遍认为谈论金钱是一种粗俗的行为。

当然，正如俗语所说"武士不露饿相"，即使物质上贫穷也要在精神上保持富足，这是一种难能可贵的精神。

但这不等于说最好让孩子处在与金钱无关的世界里。很多人在长大之后陷入金钱方面的纠纷，我认为这与他们从小没有接受良好的金钱教育有很大关系。

大家似乎也开始意识到这一点。最近一些学校也开始尝试开设一些专门让小学生经营商店的课程，从成本计算到定价全部由孩子自己完成。

孩子本来就很喜欢玩"购物游戏"，他们会模仿妈妈的样子扮演顾客或商店的老板。当孩子开始频繁地玩这个游戏时，家长就可以尝试让他们拿着真正的钱去体验现实中的购物了。毕竟角色扮演与现实行动二者之间的差异还是很大的。因此，利用实物对孩子进行教育，为孩子提供真实的思考机会，这才是最有效的金钱教育手段。

就好像比起那些专为孩子改编过的儿童钢琴曲，让孩子听巴赫或者莫扎特弹奏的曲子效果要好得多。这在幼儿教育界已经成为一种常识。学习做饭或者练习其他技能，让孩子使用真正的厨具或工具，不仅学得更快，受伤的情况也更少。

因此，唯独在花钱这件事上不允许孩子体验实物教育，这是没有道理的。

比起在幼儿园的院子里用模具信号灯教孩子怎么过马路，带孩子直接到大街上实地练习的效果不知要好上多少倍。这个道理估计大家都能想明白，而花钱跟过红绿灯没什么两样。

此外，让孩子拿着现金去购物，不仅可以帮助孩子树立正确的金钱观，还可以培养孩子对数字的兴趣。

近年来“街头推销”“汇款诈骗”等与金钱相关的犯罪事件频频发生。新型的借贷公司也越来越多，这些公司不同于以前的当铺，当事人没有还款能力也可以很轻松地获得贷款。在这样的时代背景下，孩子的金钱教育还是尽早开始为好。

- 在真实生活场景下的金钱教育才能让孩子活学活用。

47 不要打扰孩子自言自语

可能父母都会发现一个现象，孩子到了四五岁之后，当他们专注做某件事时就会突然开始自言自语。

如果在旁边听听他们连续不断的嘀咕，就会发现他们说的并不是一些没有意义的话语，而是实时地将自己正在思考的内容用语言复述出来，特别有意思。

孩子在这个时期的自言自语其实是他们正在动脑筋思考问题的表现。有些父母可能会觉得孩子这样自言自语有点怪异或者会影响到别人。于是，为了不给别人造成困扰或者避免让周围的人用异样的眼光看孩子，父母会阻止孩子自言自语。然而，我想告诉这些父母的是，阻止孩子自言自语就相当于对孩子说“不要动脑筋思考了”。

众所周知，人必须依靠语言媒介才能展开思维活动。成年人的思维活动依靠的是内化语言，因此不再需要通过声音表达出来。

即便如此，成年人在做家务之类的活动时还是会下意识地开始自言自语："对了，菜刀菜刀！"或者"天呐，怎么这么多灰尘。抹布哪儿去了？"

而对于四五岁的孩子来说，他们的认知发育尚不完全，还不能通过内化语言进行思考，因此必须通过自言自语的形式把自己思考的内容表达出来。

小孩子看书时喜欢读出声也是这个原因。要等认知能力发展到七八岁的水平后他们才能学会默读。也就是说，如果不能理解每一个单词的意思，孩子就没有办法进行默读。

就这样，随着孩子认知能力的发展，他们的思维活动所呈现的形式也会随之不断发生变化。

一般来说，孩子年龄的高低决定了其认知能力的高低。无论如何，请不要阻止孩子边玩边自言自语或者大声地读出来。父母不要打扰孩子自言自语，这是非常重要的。

- "阻止自言自语"等同于"阻止思考"。

48 用逆向提问回应孩子的问题

孩子大概从三岁左右开始每天都会问一连串的“为什么”。而孩子问的大多数问题在父母看来都是再自然不过、根本不需要思考的事情，这反而让很多父母不知道该怎么回答。

孩子提问题正是他们开始萌生好奇心和求知欲的表现。父母首先要认识到的一点就是千万不要用随随便便的回答敷衍孩子，而是要尽可能地想办法为孩子提供合理的答案。

虽然父母都想尽可能地为孩子提供符合逻辑和科学事实的答案，帮孩子建立正确的认知基础，但实际上不论父母做出什么样的回答，孩子都不会就此打消所有的疑问。因此，也没有必要过分注重答案的准确性。

对于自己知道的事情，当然可以尽可能地把相关知识都教给孩子。但实际上，即使家长把自己知道的所有答案和相关知识都告诉孩子，孩子也没办法全部吸收。因为在这个过程中，家长没有为孩子提供自主思考的机会。

孩子会萌发很多不可思议的想法，他们总是抱有各种各样的疑问并会提出很多千奇百怪的问题。通过提出各种各样的问题并获得相应的解答，他们的思维空间才能不断得到拓展。如果家长在回答问题时适当使用一些技巧，孩子的思维能力将能得到更好的训练。

对于孩子不经意提出的问题，家长不要急于直接给出答案，可以试着引导孩子更深入地认识自己提出的问题并通过自己的思考去寻找问题的答案。

逆向提问“如果……”就是很好的办法。当孩子问“为什么到了晚上就要睡觉呢”时，你可以试者反问孩子“如果不睡觉会怎样呢”。这时，孩子就会开动自己的脑筋开始思考不睡觉会带来的后果。这就为孩子提供了从多个角度思考多种可能性的机会。孩子经过独立思考后想到了“不睡觉就会很困”“会很累”“第二天早上起不来”之类的答案。

这种逆向提问提示孩子自己去寻找答案，可以有效地引导孩子开动脑筋思考问题并找出所有可能的答案。

对于年龄稍大一点的孩子，最好的做法是让孩子自己查找答案。要让孩子意识到自己的疑问不能依赖父母帮忙解答，而是要学会自己想办法解决。

- 逆向提问是孩子自我解疑的最佳提示。

49 故意提一些复杂的问题

热门综艺节目《第一次跑腿》通过让孩子解决稍微有点难度的课题而赚足了观众的感动和眼泪。这个节目之所以如此深受观众喜爱，估计是节目所呈现的每一个画面都同时充溢着孩子的坚强和父母的担忧吧。让孩子解决一些稍微有点难度的课题，这是每一对父母在教育孩子的过程中都避不开的经历。

孩子竭尽全力去完成节目组设定的每一个课题，有的时候伤心到流泪，有的时候绞尽脑汁想解决办法，有的时候手忙脚乱照顾哇哇大哭的弟弟妹妹……

而完成任务后孩子的脸上都露出了灿烂的笑容，这预示着孩子在经历困难之后即将迈入新的成长阶段。我想这也是这档节目能够引起众多观众共鸣的主要原因。

俗话说“玉不琢不成器”，父母不能事事替孩子包揽包办，通过给孩子提供一些解决“麻烦事”的机会，才能让孩子获得真正的成长。

对于一些简单的问题，通常只要用常用的思维方式就能解决。而对于一些复杂的问题，可能就需要尝试多种做法了。当常用的办法也无法解决时，就得打破原有的思维方式，从全新的角度去思考解决的办法。

在解决简单问题的过程中，我们并不能确定是用尽了所有的办法还是只用到了一部分，因此无法检验自己真正的实力水平。

而当面临复杂的问题时，不管愿不愿意，都要检阅一遍自己所持有的“思维武器”是否管用，因此有助于及时发现自己的缺点或及时纠正自己过往的一些误区。

据说，有一所学校把学生带到商场里，然后要求孩子分别用100日元尽可能多地购买自己认为有用的东西。虽然在“百元店”很容易就能买到物美价廉的物品，但要用100日元在全是高档货的商场买东西，这个难度就不一般了。

据说刚开始的时候孩子有点不知所措，但在经过两个多小时的思考并做足功课后，他们终于发现100日元能买到的东西也不少，最后大家满载而归。这个例子足以说明，解决疑难问题有助于挖掘孩子的聪明才智。

- 最大限度发挥实力，才能获得进一步成长。

50 用语言描述自己的动作

让孩子帮忙做家务也是一项十分重要的教育活动。有研究表明做家务能有效改善长期足不出户的孩子的精神状态。这估计是因为通过家务增加了孩子与家人的互动，让孩子感受到了作为家庭成员的温暖吧。

在跟孩子互动的过程中，一些小小的细节可以让孩子的头脑更加活跃。假设要跟孩子一起做三明治，家长会用什么方式教孩子呢？

“像这样先放一片面包，涂上黄油。再放上火腿和生菜，还有奶酪也放上吧。最后再放一片面包，插上牙签。好了，大功告成啦。”我建议大家教孩子的时候像这样一边解说一边做。在做某个动作的同时用语言将其表达出来，这样可以让孩子在自然而然的状态下领会并掌握语言的意思和功能。

从具体的动作到抽象化的语言表达，了解这个过程可以激发孩子的大脑展开抽象思维，更好地促进孩子的智力发育。

除了做饭，在其他的亲子互动中也可以多给孩子提供这种具体化的指示。智力测验中有一个很重要的项目就是考察对“指示”的理解能力。

智力测验的题目大致是给出一个由圆形、三角形以及四方形组成的图形，然后要求被试者将圆形和三角形以内、四方形以外的部分涂成黑色。通过这种方式考察受试者能否准确地理解复杂的指示。

这种对指示的理解能力并不是因为智力测验要考察才显得重要，而是因为它是一项与所有大脑活动都密切相关的基础能力。希望家长们可以经常为孩子提供相关的训练机会。

这种训练并不需要借助专业的培训机构，在日常生活中就有特别多的机会可以利用。例如，借着从书架上取书或者从橱柜里拿碗碟的机会，轻轻松松就能对孩子进行训练。

不过，有一点需要家长们注意，那就是指示的时候一定要足够具体。不能用手指着目标物品直接说“帮我把那边的那个拿过来”，而应该说“从下往上第三层架子上最厚的那本书旁边的蓝色封面那本书帮我拿一下”或者说“帮我拿一下电视机右侧的架子从上往下数第二格里的那个黑色罐子”，用语言详细地描述出物品的位置和外观。

尝试和孩子一起玩一些相关的游戏也是不错的选择。例如，和孩子背对背坐着，每人拿一张一模一样的方格纸，然后两人按照“在右上角画 ×，最中间往左一格画○”之类的语言提示在各自的方格纸上的指定位置打叉或者画圈，结束后互相确认两个人画的位置是否完全一致。这种游戏可以帮助孩子提升对指示的理解能力，还有助于培养孩子的空间感和方位感。

- 用语言描述动作，有助于提升孩子对指示的理解能力。

第6章

激发孩子不向困难屈服的勇气和干劲

51 让孩子知道父母也会失败

虽然帮助孩子答疑解惑、纠正错误是为人父母的重要职责，但如果父母总是高高在上地充当“传授者”的角色，这对于孩子的大脑发育不见得是最好的做法。

因为这种模式会促使孩子在头脑中形成一种固化的观念，即父母是传授知识的人，是权威的一方，而自己则是被传授知识的、能力有欠缺的一方。这种想法容易让孩子变成一个比较消极的人。

有一种做法可以有效避免让孩子陷入这种境地，那就是适当地向孩子透露父母的失败或者错误。让孩子意识到原来父母也不是万能的，小小的自己居然也可以给权威的父母纠正错误。由此产生的自信将有助于促进孩子不断成长。

父母从来不向孩子透露自己的失败或错误，导致孩子不由自主地将父母视为绝对的权威，而将自己摆放在从属的地位上，并认为这种关系模式是不容置疑的。这样的亲子关系并不健康。

虽然父母可以给孩子带来足够的安全感和信赖感，但如果孩子给予父母过高的评价，认为父母完美无缺、无所不能，那么他们就不会产生自己需要尽力去帮助父母之类的想法，也就很难帮助孩子培养出独立思考并付诸行动的积极性和主动性。

在日常教育中，父母要留意多为孩子创造一些独立思考并付诸实践的机会。这样才能让孩子自主地依靠自己的努力去克服困难，并在战胜困难的过程中不断提升自信心，进而变得越来越聪明。

- 父母的不完美可以激发孩子独立思考。

52 尽量少用带“不”字的词汇

父母总是爱操心，有些父母甚至恨不得把孩子身边所有的危险或者无用的东西统统消灭掉。

父母总是喜欢借着教育孩子的名义对孩子说一些带“不”字的词汇，例如，不许做那些对你没什么用处的事情或者不可以到那边去等。

这些话看似保护了孩子，殊不知也同时掐灭了孩子头脑中刚刚萌生的好奇心，最终导致孩子无法独立思考。

我的一位朋友曾经每周都跑一趟动物园，并持续了整整半年时间。原因是她家 5 岁的女儿特别喜欢企鹅，据说每次都要在围栏外面待两至三小时，直到她看腻为止。

大家是否会觉得这对母女在动物园浪费了很多时间呢？我觉得一点儿都不浪费。父母在背后默默地支持孩子去做喜欢做的事情，这种态度对于孩子的成长来说是极为珍贵的。

孩子的思考能力总是以自己感兴趣的东西为媒介，甚至在父母未察觉的状态下就获得了快速的发展。以危险或者没有用处为借口过分地保护或干涉孩子，只会阻碍孩子思考能力的发展。

- 过分提防危险或阻止孩子做看似无用的事情，只会阻碍好奇心和思考能力的发展。

53 与孩子保持同等高度的视线

我曾经参与制作的一档电视节目，摄影师将摄像机调整为与小学一年级孩子身高差不多的高度到街上拍摄。结果不难想象，镜头呈现出来的全是高个子的人，给人一种像是被一群巨人围住的巨大压迫感。

孩子其实一直背负着这样的压力，他们必须仰头才能看到大人的脸。这个节目拍摄的内容让我再一次深刻地感受到，原来孩子在物理条件上就“低人一等”。

正如“看低人”“仰望尊师”这些词汇一样，人们通常会用物理空间的上下来区分人与人之间的关系。曾有一位小学老师告诉我一个类似的经历。

一天，一位孩子不停地拽他的裤子，应该是想告诉他什么事情，于是他好奇地朝孩子弯下了腰。没想到的是，孩子居然伸手拉住了他的耳朵，直到他们两个人的脸在差不多高度后，孩子才开始张嘴说话。

这位老师讲述的经历也再一次证实了我之前的感受是正确的。

正如这位老师提到的那样，弯下腰与孩子保持在同样的高度对话，能够更好地帮助孩子克服潜意识中背负的身高差的压力。

只有这样，才能摒除“上”与“下”的关系，与孩子进行平等的交流，孩子才能不受限制地展开思考并勇敢地表达自己的想法。

希望家长也可以做到这一点，在与孩子对话时做到与孩子保持同等高度的视线。这样孩子就不用仰着头说话，也可以更加集中注意力把自己想说的内容生动有趣地表达出来。

- 与孩子保持同等高度的视线，更有利于孩子倾诉。

54 让孩子自己选择

曾经，日本有一部以患酒精依赖症的女性为主角的电视剧，开播后引起了广泛讨论。这部根据真人真事改编的电视剧向人们详细讲述了酒精依赖症的可怕之处。

其中，我印象最为深刻的是女主的妈妈。这位妈妈一心望女成凤，不仅安排孩子学钢琴，还热衷于给孩子辅导功课。每当孩子有汇报演出，她总是第一个到达会场并把所有目光都集中在自家孩子身上。殊不知，正是妈妈对女儿的这种厚望给孩子带来了巨大的心理压力。孩子一直觉得“自己让妈妈感到失望”，于是希望依靠酒精解救自己。她在剧中一直嘀咕的台词“我想弹奏的不是肖邦，而是《七个孩子》”，这也印证了她内心的真实想法。估计她从小到大都没有自己做过什么决定吧。即便结婚之后她也一直没有戒酒，直到后来身体各方面都陷入了极其危险的状态，才在丈夫的帮助下成功戒酒。我想这部电视剧想要告诉观众的就是自己做决定的重要性。

日本的插画家真锅博曾在《独自旅行教育》一书中提到关于他

儿子的一个小故事。他说，通过这件事情，他切身体会到了培养孩子选择能力和判断能力的重要性。

一天，他带着 3 岁的儿子来到了一家商场的玩具店。这是自孩子出生后他第一次让孩子自己选择喜欢的玩具。没想到的是孩子一直犹犹豫豫，最后花了一个多小时才选定玩具。

真锅博猜想有可能是时间太充裕影响了孩子的判断，于是第二次再带孩子去的时候给孩子限定了时间，但孩子仍然很纠结，最终超时什么也没买成。想着事不过三，他再一次带着孩子来到了玩具店。估计是上一次吃了苦头的关系，结果孩子一到店里就立刻做出了决定："我就要这个！"玩具虽然买到了，但由于决定过于草率，孩子并不喜欢自己选的玩具。

成年人在做决定或者选择的时候容易犹豫不决，孩子更是如此。真锅博让儿子选购玩具的经历表明，在反复做决定的过程中，孩子将逐渐学会根据自己的需要又快又准确地做出判断和决定。

良好的记忆力、强大的分析能力以及在短时间内收集各项信息进行综合比较并快速做出选择和判断的能力，这些都是判断大脑是否聪明的重要条件。因此，家长要注意从小培养孩子的这些能力。据说，欧美国家的孩子从幼儿园阶段就开始自己决定穿什么样的衣服、玩什么样的玩具。这点值得我们亚洲家长学习和借鉴。

- 让孩子自己选择，可以凸显孩子的个性并锻炼各项能力。

55 把孩子当成大人对待

近来总能在街头看到不少老年人日托中心的接送班车，有时还会碰到老人正好从车上下来。这只是再正常不过的街景，然而工作人员跟老人告别时的说话方式让我觉得有点别扭。

工作人员竟然像对着小孩子一样说道："爷爷，拜拜啦！"当然，她们从事这么辛苦的工作，我也感到很敬佩，但还是打心底希望她们能改变一下这种说话方式。

同样的，当我们对着那些已经过了婴幼儿阶段的孩子说话时，也会遇到类似的问题。大部人面对孩子就会不自觉地切换成幼儿用语模式，并特意将自己的认知能力拉到与孩子同等的水平。

此外，当孩子提出一些在大人看来有点可笑的问题时，很多父母不是忍不住哈哈大笑，就是带着打趣的心态回答孩子。

这让我想起留美期间在街头看到的一个情景。一个五岁左右的男孩逮住一位嬉皮打扮并且胡子乱蓬蓬的男士问道："不好意思，请问你为什么要光着脚走路呢？你的脚不疼吗？"

这位男士先是注视着孩子的眼睛，然后用跟大人对话一样的语气慢慢地回答道："这就是我的生活哲学。我不想穿鞋，因为我想用我的脚直接拥抱地球。"

听到这样的回答孩子似乎消除了心中的疑惑，小声地说道："好的，这就是你的生活哲学对吧。"很显然，孩子通过这样的对话已经对"生活哲学"这个词有了切身的体会。

这位男士像对待普通的大人一样认真地回答孩子的问题，这种态度让孩子认识到自己提出的问题并非毫无价值。

把孩子当作大人，愿意跟他平等对话，这让孩子的自信心和安全感都能得到极大提升。

这种做法，不仅能让孩子今后更加自信地向大人提问题，也为孩子不断拓宽自己的认知范围提供了更多的可能性。相反，如果大人总是用敷衍的态度对待孩子的提问，孩子会觉得即使自己提了问题别人也不会认真回答，于是就会变得越来越封闭。

- 让孩子感受到被尊重，他会更加阳光自信。

56 让孩子把话说完

朋友的女儿给我模仿了一段她父母间的日常对话，性格急躁的妈妈总是还没等爸爸把话说完就开始替爸爸“翻译”：“总而言之，你就是想说这事对吧？”

“实际上，很多时候妈妈都曲解了爸爸的意思，特别搞笑。”朋友的女儿笑着说道。

夫妻间的抢话或接话可能彼此间说说笑笑就过去了，但如果对方是孩子就会有很大的问题。因为孩子的语言能力尚未发育完全，他们在跟大人说话的时候需要费很大劲才能用大人的语言将自己的想法表达出来。

他们努力的样子有时叫人看了都觉得心疼。估计妈妈们也是因为心疼才会还没等孩子把话说完就说“好了好了，我知道了，你是想说……”吧，以此强行结束对话。

或许这就是处处想着帮孩子减轻负担的“父母之心”吧。

然而，从培养孩子表达能力的角度来看，这种抢话或接话只会起到反效果。孩子会觉得自己总是还没把话说完就被别人打断，那干脆就不说了。长此以往，孩子就会完全失去自我表达的意愿。

即使孩子的表达不那么顺畅，也要耐心地等孩子把话说完，这样才能帮助孩子不断成长。

- 父母习惯性地抢话或者插话，会阻碍孩子表达能力的发展。

57 不打扰孩子

可能很多人都不知道，日本著名的建筑师安藤忠雄是靠自学建筑学成为东京大学的教授的。据说他从小就对建筑现场十分着迷，喜欢整天泡在工地观察工人们怎么施工，看多久都不会腻烦。

如果说正是这种“贪玩”成就了现在的建筑师安藤的话，那么“不要在无关紧要的事情上浪费时间”这种教育观念就值得打个问号了。

很多孩子喜欢蹲在路边盯着路面看。如果凑近看，会发现他们原来是在观察一只虫子如何爬行或者目不转睛地观察水从水坑里流出来的样子。

刚开始家长也会任由孩子自己玩，但过不了多久就开始催促孩子：“好了好了，差不多该走了。”不少家长在家里也是这样，孩子正在专心致志地看书，家长却总是时不时地问孩子“要不要过来喝点水、吃点水果”。经常这样打扰孩子很容易让孩子变成一个注意力涣散的人。

当孩子专注做某件事情时，不论是出于提建议的目的，还是为了给孩子忠告，家长无端地打断孩子的注意力，都只会给孩子的大脑发育造成不利影响。

想让孩子变得更聪明，家长要做的不是无时无刻地监视孩子是专注还是涣散，而是当孩子需要我们指导或者帮助时，能够及时地给予回应。

- 即使是无关紧要的事情，只要孩子能全身心投入就值得肯定。

58 不要打击孩子的好奇心

《每日新发现》是日本一本面向高年级孩子的杂志。我曾在该杂志的《头脑体操》专栏中讲述了无着成恭先生作为广播节目《全国儿童电话咨询室》的答疑嘉宾时的难忘经历。

这个节目经常会收到孩子提出的一些出人意料而又新奇无比的问题。无着先生就曾碰到过这样一个提问：从身体的哪个部位开始算是蛇的尾巴呢？

这个节目的有趣之处就在于经常会出现类似“斑马到底是黑底白条还是白底黑条”这样古怪的提问，有时让众多博学多识的答疑嘉宾苦思冥想也难以作答吧。

一想起无着先生的经历，我的脑海中就浮现出一幅十分搞笑的画面：一名资深教师因学生的提问陷入困境，只能不停地翻白眼……

有些孩子总是喜欢不停地问“为什么”“这是什么”“那又是什么”，孩子在好奇心的驱使下常常提出一些让大人感到吃惊的新奇想法。例如，有个孩子提出了这样的问题：《桃太郎》中居住在鬼岛上的那些鬼，为什么他们明明没做什么坏事却要被消灭呢？

鬼本来就很坏，不论干没干坏事都要被讨伐、被消灭。这种看似合理的逻辑根本没有办法让孩子心服口服。

长期处在常理的束缚下，成年人的头脑已经形成某种固定的思维模式，因此他们回答不了孩子这种纯真的提问。

不仅如此，有一些顽固不化的父母，听到孩子的疑问后，不但不给予肯定和赞赏，反而批评指责孩子不该提出这么愚蠢的问题。这种做法只会给孩子的心灵带来不可磨灭的伤害。

对于孩子提出的疑问，不论听起来多么荒唐可笑，父母都不能不以为然，更不能嗤之以鼻。父母需要做的就是从中发现孩子独特的视角并加以肯定，并且越是新奇的想法，就越值得肯定。

对于智力还处在发展阶段的孩子来说，他们所看到的和所听到的一切事物都是新的体验和新的发现。一些在成年人看来理所应当甚至有点无聊的事情，却能给孩子带来发现新事物的喜悦和惊奇。因此，当孩子有新发现时，父母要做的就是真诚地为孩子的新发现感到喜悦。

想要挖掘孩子的才能，最重要的就是激发孩子的兴趣。而对于激发兴趣，最有效的做法就是让孩子尽可能多地体验发现新事物时的喜悦与惊奇。我想，父母能为孩子做的最重要的事情就是由衷地赞赏孩子的那份喜悦与惊奇。

- 肯定孩子的奇思妙想，有助于培养孩子的创造力。

59 让孩子去经历失败

估计不少父母都会忧虑自家孩子将来的出路：晚饭后让他帮忙收拾碗筷结果把碗打碎了，考试的时候也总是犯一些低级的错误……真可谓“干啥啥不行”。

我觉得其实没有必要这么悲观。在我看来，与被父母早早安排好安稳道路的孩子相比，从小经历各种失败的孩子长大后会更有出息。

其实我在前面的章节也提到过，相比别人直接告知的知识和技能，经过独立思考获得的知识和技能才算得上是真正意义上的掌握或习得。虽然刚开始的时候总是失败，但是孩子会在失败的过程中不断吸取经验教训，不仅让自己的实践经验更加丰富，头脑也更加灵活。

但令人遗憾的是，不少父母因为担心孩子失败而剥夺了孩子的锻炼机会，让孩子变成一个无法独立思考的人。可能很多父母都会觉得从不犯错的孩子才是好孩子，殊不知这种教育方式很容易给孩子带来不幸。

“被人教授的知识与自己经历失败后学会的知识有着天壤之别。二者的价值不可同日而语。虽然自己经历失败后获得的答案与从别人那里得到的答案可能差不多，但在之后的人生道路中却能发挥截然不同的作用。”这是日本本田汽车创始人本田宗一郎先生说过的一段话。

据说本田先生在小学阶段总是什么事情都做不好，是一个成绩糟糕的差等生。但是本田先生认为正是因为自己在这个时期经历了众多失败才让他的头脑变得更加灵活、更加聪明。

一旦我们了解了这种“失败的力量”，就能知道事事为孩子代劳从而防止孩子失败是一种多么愚蠢的做法了。

如果父母在教育孩子的过程中都能坚持“失败不可怕，失败是成功之母”的教育理念，估计也就不会出现那么多的“啃老族”了。

“啃老族”几乎都是因为一些小小的打击就变得一蹶不振，成为足不出户的“家里蹲”。可以说他们对失败几乎没有任何“免疫力”。估计在父母的过度保护之下，他们从小到大都没体会过失败的滋味吧。

头脑聪明，归根结底就是一种无论处在什么样的环境中都能独立生存的能力。而一个人经历的失败越多，他的生存能力就越强。

因此，对于父母来说，最重要的事情不是事事替孩子做好规划，而是让孩子尽可能多地经历各种挑战、饱尝失败并从中吸取经验教训，这样才能让孩子变得更加强大。

- 多经历失败有助于培养孩子的行动力和独立生存能力。

60 不要过多干涉孩子试错

不论哪个时代的父母都希望通过教育让孩子变得更聪明。现在的玩具店里，琳琅满目地摆放着积木拼图等各种有利于刺激孩子大脑发育的玩具，各种培训机构的广告文案也都把“培养思维能力”作为宣传重点。

重视教育的父母总是不愿意错过任何有利于促进孩子大脑发育的机会。实际上，并不是非要给孩子买高端的玩具或者让孩子上昂贵的培训机构才能培养孩子的能力，我们在日常生活中就有大把的机会可以帮助孩子开发大脑。例如，当孩子不知道某件物品的正确用法总是不停地出错时，就像我一直强调的那样，父母一定要控制住自己想帮忙的心情，让孩子自己不断地探索直到找出正确的用法。父母只要时刻记住这一点就足够了。

父母需要做的就是耐心地守护孩子，看着他在反复试错的过程中找到正确的方法。毫不夸张地说，这种做法往往比给孩子买玩具和上培训班更有效果。

同样的答案，孩子是轻而易举地得到，还是经历众多错误的尝试之后才获得，相关知识的扎实程度是不一样的。在反复试错、寻找正确答案的过程中，孩子对问题的整体结构有了深刻的理解，因此不仅不会再次犯同样的错误，还能更好地将试错过程中掌握的要领应用到解决其他的问题上。相信父母都很清楚这个道理。

然而，在我看来，现在的父母对于孩子的教育都过于操心、付出的也太多了。希望大家都能重新审视自己的教育方法，看看自己在日常生活的方方面面是否都能做到放手让孩子去试错。

时常反思自己有没有总是随意打断孩子的独立思考、处处抢着为孩子代劳？有没有总是拿孩子跟班级里其他孩子做比较，然后感叹“我们家的孩子总是犯错，一点都没有长进”？

花钱为孩子提供各种各样的培训机会，促进孩子的智力发育，这种做法当然值得肯定。但我更希望家长们能够静下心来做一些反思，并在教育孩子的过程中秉持一种基本态度：即使孩子不停犯错也不要过分干涉，让孩子充分地经历各种错误，在试错中成长。

- 孩子的大脑在逆境中才会全速运转。

快乐游戏，让孩子注意力更集中、头脑更灵活

61 让孩子尽情玩耍

父母通常都会要求孩子"先努力学习再快乐玩耍"。然而，从孩子大脑发育的角度来说，先快乐玩耍再努力学习，提高玩耍的时间比例，反而更有利于促进孩子的智力发育。

孩子在做游戏的过程中学到的东西超乎我们的想象。"乐不思蜀"的行为在成年人的世界里是要遭到指责的，但对于孩子来说，这种行为可以等同于"忘我学习"。

在我少年时代的小伙伴们当中，与那些从小学阶段开始就在父母的严格管教下整天忙于学业，几乎没有机会痛快玩耍的人相比，那些整天忙于玩乐成绩也不怎么理想的人反而在日后发展得更好。

我还有几个朋友在学校里只知道玩，学习成绩一塌糊涂，但现如今都在大型公司里身居要职，成了职场上的风云人物。

这些真实的案例都向我们证明自主性对于大脑发育的重要性。只有在玩耍的时候，孩子才会自主地开动脑筋思考问题。

孩子专心致志地玩积木，可能在父母看来只是再平常不过的玩耍罢了。但实际上，孩子正在非常专注地开动脑筋，认真地思考着各种各样的问题：这块积木应该朝哪个方向放，放在哪一块积木上，怎样才能搭出最帅气的城堡……

另外，通常玩耍的时候身体也得跟着活动，因此玩耍对于身体健康、协调能力等也是不可或缺的。

- 玩耍是促进头脑健康发育的一大保障。

62 把说明书丢到一边去吧

孩子总是喜欢奇思妙想，还时不时说出一些让父母瞠目结舌的话来。这说明孩子的头脑要比成年人灵活得多，擅于从多个角度思考问题。

当父母给孩子购买玩具时，可以尝试着把附带的关于玩法或者做法的说明书放在一边，让孩子自己自由地探索，这样可以有效促进孩子的发散思维能力。

虽然每一种玩具都有特定的玩法或制作方法，但这些玩法和制作方法通常都是大人们想出来的。例如那些用于组装玩具的零部件，如果不知道组装方法，看起来就是一堆没有任何意义的零件。

实际上，这完全是大人们一厢情愿的想法而已。即使没有说明书，孩子也会按照自己的想法不断摸索，自主地开动脑筋思考各个零部件的特征和功能，以及各个零部件之间的关联性，最终把玩具组装出来。这比不用动脑子直接按照说明书快速组装出来的效果要好得多。

如果孩子组装出来的作品跟说明书所描述的形态不太一样，父母也要给予充分的肯定和鼓励。如果父母只是一味地告诉孩子玩具应该怎么玩，把成年人固有的观念强加给他们，那么孩子就不会再自主开动脑筋发掘新的玩法了。

孩子有着出色的创意思维，忽视孩子的这种天然优势，总是把成年人的想法强加给孩子，并给孩子提出各种要求或者条条框框是不对的，这种做法必须及时纠正，否则将阻碍孩子发散思维能力的发展。

- 丢弃固有观念，才能激发自由的想象力。

63 玩一玩传统游戏

很多古老的智慧对于处理当代问题都具有重要的借鉴意义，一些传统游戏中就有很多有价值的东西值得我们超越时代去传承。

例如需要灵活运用手指的折纸游戏，能够有效促进孩子智力及语言能力的发育。

熟悉折纸的人都知道，如果折纸的第一步没有认真折好，就无法折出像样的作品。这是折纸游戏本身所蕴含的一条重要的“逻辑”。虽然一开始看不出有多大偏差，但随着折叠次数的增加，线条就会越来越对不齐，最终只能折出一个残次品。这告诉我们有条理地思考和行动的重要性。

在教较小的孩子折纸时，可以让他们在动手折之前先拆一拆折纸。

教折纸通常是大人一步一步演示，孩子一步一步跟着模仿。这种教法虽然可以让孩子很快记住折纸的步骤，但也缺少了自己去探索新折法的乐趣。

还有一种效果不错的教法是给孩子一些已经折好的折纸作品，让孩子一步一步拆开，然后观察这些作品到底是按照什么步骤折出来的。

这种做法可以让孩子倒序观察一只纸鹤或一艘纸船变回一张纸的过程，并在观察的过程中发现折纸背后隐藏的逻辑性。当然，也可以让孩子先跟着家长折出作品然后再拆开做倒序观察，这也能起到同样的效果。

千万不要小看这小小的折纸游戏。折纸不仅是一种可以促进孩子大脑发育的最简单的智力游戏，还是一种让亚洲人的手指变得格外灵活的高级游戏。

一位朋友曾跟我分享了他在国外的一次有趣的经历。她的先生是外国人，一天她准备教他先生家乡的孩子学习折纸，不料折到一半孩子纷纷表示太难了，不想再继续学了。对此我的朋友解释说，角对角对折这种我们看来再简单不过的操作，实际上对于欧美人来说很有难度。

与前面章节中提到的玩具拆解或组装相比，折纸游戏具有更强的可操作性，只要准备一些纸，随时随地都能玩。

除了折纸之外，还有一种传统游戏值得我们继续传承，那就是词语接龙游戏。词语接龙是一种将首尾发音相同的词语对接起来连成一条长“龙”的游戏，对语言能力的要求比较高。

如果要求游戏参与者在更短的时间内说出下一个词汇，那么游戏的效果就会更加明显。通过词语接龙游戏反复训练孩子的快速应答能力，不仅可以提升词汇量，还可以让大脑更加灵活。

当今社会生活的方方面面都对思考和行动的速度提出了更高的要求，以“词语接龙”为代表的反应能力训练，可以促进孩子的智力发育。

- 折纸、词语接龙游戏等传统游戏可以有效促进孩子的智力发育。

64 活用捉迷藏游戏培养推理能力

“捉迷藏”是孩子都喜欢玩的一种游戏。实际上，当孩子刚刚开始对这个游戏感兴趣时，他们的关注点并不是这个游戏的后半部分，即英文名称“hide-and-seek（藏起来再寻找）”中的“seek（寻找）”环节。

正如幼儿教育的先驱者蒙台梭利女士指出的那样，幼儿玩捉迷藏游戏时，他们的兴奋点在于在约定的地点找到预期的人物，即蒙脸游戏的另一种形式。

而这个阶段结束后，作为游戏搭档的成年人就需要不断变换藏身地点，甚至躲到一些出乎意料的地方才能触发孩子的兴奋点。

这个时候，孩子的头脑开始变得非常活跃。孩子自己扮演躲藏角色时也是如此，小脑袋瓜快速地转动着不断搜寻一个别人想不到的绝妙的藏身之地。

当孩子寻找时，不要让他们漫无目的地到处乱找，可以让他们试着先推测出可能的藏身地点，或者用类似“宝贝，猜猜妈妈在哪里”这样的语言引导孩子一边猜测一边寻找。这样可以激发孩子开动脑筋思考，让孩子的思维更加活跃。

现如今，由于住宅条件的限制，很多家庭居住的都不再是那种宽敞到可以玩捉迷藏游戏的大房子。在狭小的空间里玩捉迷藏，孩子总是毫不费力就找到了，这样游戏的乐趣也就失去了一大半。

从这个意义上说，最好的做法就是把游戏的重心转移到“推理”环节，让孩子在开始寻找前先动一动脑筋，想一想对方可能的藏身之地。

让头脑变聪明的秘诀就是多动脑筋、勤思考。父母必须时刻牢记这一点并不断地思考怎样才能让孩子多动脑筋、怎样才能在孩子需要时为孩子提供必要的帮助，这样才能让孩子变得更聪明。

- 在捉迷藏游戏中增加“寻找前的推理”环节，让孩子开动脑筋思考。

65 通过过家家游戏拓宽孩子的世界

“购物”“乘坐交通工具”等过家家游戏也是一种十分常见的儿童游戏。在游戏中，孩子通过语言模拟出现实场景，并在此基础上展开各种情景对话。因此，过家家游戏被认为是一种非常有利于促进孩子大脑发育的游戏。

和孩子一起玩“乘坐交通工具”的游戏时，父母尽可能每次都扮演不同特点的角色，比如扮演没买车票的乘客或者弄丢车票的乘客等，这样可以刺激孩子思考不同场景的应对方式，有效促进孩子认知能力的发展。

对于孩子来说，现实世界让他们感到新奇或者困惑的时刻，就是他们发挥创造力的时刻。该如何应对没有车票的乘客呢？他们生平第一次碰上这样的难题，于是他们的小脑袋开始快速运转寻找最佳的解决方案。

这类游戏的可贵之处就在于它可以让孩子脱离现实世界的制约无拘无束地展开自由思考。因此，孩子想出的解决办法越奇特越值得称赞。

还有一点需要父母注意的就是要避免游戏情节过于单一，最好每次都给孩子设置不同的问题。跟孩子一起玩过家家游戏，对于父母来说也是极为难得的放松大脑的机会。

此外，由于过家家游戏是靠对话来推进的，因此对于与智力发展密切相关的语言能力也有很好的促进作用。特别是对于那些居住场所相对封闭的孩子来说，玩这种游戏不仅可以学到崭新世界里的语言表达形式，还可以通过体验虚拟情境丰富自己的阅历。

- 过家家游戏有助于培养创造力和语言表达能力。

66 让孩子认真思考后再行动

绝大多数室内游戏都会要求参与者认真思考后再出招，因此被认为具有很好的大脑训练效果，而“悔棋”的行为常常会大大降低对大脑的训练效果。

日本相声（落语）讲的有关围棋的段子里，年长的隐居者总是大喊着“稍等！”试图悔棋。而小孩跟老年人一样，都有未经充分考虑就贸然行动的倾向。

心理学上将人格分为五种类型：偏执型人格、决裂型人格、依赖型人格、癔症型人格和冲动型人格。其中，经常“悔棋”就属于反应快但错误也多的冲动型人格。

冲动型人格往往性格不够沉稳，处事武断，总是贸然地做决定，也会做出各种冲动的行为，进而接连不断地经历各种失败。

因此，父母有必要让孩子认识到只有在开始行动前，即在头脑中做决策的阶段才可以“悔棋”。父母如果经常默许孩子的“悔棋”行为，那就没有办法让孩子正确认识到竞技世界的严肃性以及公平竞争的重要性。

“毕竟孩子还小，没关系。”——父母的这种想法只会宠坏孩子，让孩子变成一个既不懂礼貌也不会深思熟虑的人。希望各位家长重视这方面的教育，让孩子认真思考后再行动。

- 不允许孩子“悔棋”，才能培养孩子深入细致思考的能力。

67 让孩子尽兴地玩玩具吧

“玩具玩完要放回原位！”经常会听到妈妈这样训斥孩子。很多父母都认为，让孩子学会保持干净整洁是家庭教育中十分重要的一环。

实际上，在很多孩子眼中，凌乱也具有特定的意义，是一种合理的存在，因此父母似乎没有必要对孩子散乱玩具的行为严加指责。

用积木搭建出房子、市场或商场，或者把小布偶塞进小车，然后在玩具火车做成的高速公路上飞速前进……对于孩子来说，看似毫无关联的玩具之间也可以建立起某种联系，搭载着孩子的梦想在想象的世界里展翅翱翔。

而父母和老师总是要求孩子每次只能玩一种玩具并且必须及时整理，比如，玩积木的时候只能玩积木、玩小汽车的时候只能玩小汽车……在大人的种种限制之下，孩子根本无法在玩耍的过程中自由地发挥自己的想象力。

孩子可以跟娃娃对话，也可以让积木瞬间变身成汽车，孩子都是拥有无敌想象力的天才。父母最好不要整天跟在孩子屁股后面唠叨，催促孩子及时收拾玩具。让孩子自由发挥，这样才能更好地激发孩子的想象力。

- “凌乱”的状态有助于拓宽孩子的想象空间。

68　允许孩子收集“破烂”

在童年时代，把那些在大人看来一文不值的木块或者小石子当作宝贝，甚至背着父母偷偷地把这些东西塞满自己的抽屉。相信很多人小时候都有过类似的经历。在美国，人们把孩子装满“破烂”的抽屉称作“secret closet（秘密抽屉）”，这是属于孩子的“秘密宝藏”。

之所以将其称为“秘密宝藏”，那是因为孩子能从这些“破烂”中发现大人们难以理解的特殊意义以及连其他同龄小孩也未发现的专属于自己的价值。

平淡无奇的木块不仅可以变成汽车，还可以当作娃娃的替身或者是某种新玩具的一个零部件。

据说有一家网络供应商的电子邮件服务具备“邮箱宠物”的功能。用户饲养的熊、乌龟或者狗等宠物不仅可以帮主人投递、搬运信件，还会在返程途中捡拾一些手机挂坠或颜色漂亮的石头，并把它们当作宝贝悄悄地放到百宝箱中。

这款邮箱宠物的设计灵感与孩子们的“秘密宝藏”具有异曲同工之妙。

不同之处在于，邮箱宠物只会不停地收集各种宝贝，而在现实中，孩子的喜好和关注点每天都在发生变化。随着时间的变化，“秘密抽屉”里的宝贝也将被赋予不同的价值。

因此，我建议家长时不时提醒孩子把抽屉里收藏的宝贝全部拿出来整理一下。通过整理，孩子不仅可以清晰地回顾自己兴趣爱好的变化过程，而且还有可能从这些收藏物中发现新的价值或者意义。

通过收集“破烂”这样的方式让孩子在创造和想象的空间里不断前进，这也是孩子珍贵的智慧财富。

- 收集“破烂”也是孩子专属智慧财富的途径。

69 让孩子尽早接触竞技游戏

象棋，是一种智力比拼游戏。因此，下象棋不仅可以让人体验到游戏的乐趣，还能锻炼大脑。

由日本象棋联盟主办的青少年象棋协会就曾表示，让他们感到十分意外的是，参加象棋协会的孩子学习成绩都有了很大进度，这是他们创办协会初期所未预料到的。而协会的一位创办者也欣喜地表示，自己曾为孩子成绩差感到十分头疼，但自从孩子开始下象棋后，不仅学习成绩有了很大提升，身体也更强壮了。

实际上，不少从事创造性工作的人都非常喜欢下象棋。日本的经营之神松下幸之助就经常提到自己小时候下象棋的经历。

象棋这一类游戏有一个共同的特点，那就是既要防止对方猜到自己的战术，同时又要尽可能地摸透对方的策略，因而需要在头脑中做出全局性的思考，以便预判对方的下一招。

这是一种极为高级的智力游戏，在走“车”之前，要在头脑中把所有可能的情形都考虑周全之后再做出最终决定。

因此，父母如果有机会陪孩子下象棋，就要想办法调动孩子下象棋的这种思维。“一招制敌”当然再好不过，但比起草率出手凭运气取胜，更重要的是将下棋作为一种有效的头脑训练手段，最大限度地提升孩子的逻辑推理能力。

除了围棋、象棋这类高级智力游戏，还有一些竞技游戏也有助于促进孩子的智力发育。这些游戏或多或少都需要一定的逻辑推理能力，同时还可以帮助孩子培养全身心投入某种事物的专注力。

而这种专注力的源泉则是一心想要获胜的信念。有统计表明，奥运会的金牌得主接受采访时说得最多的就是：“比赛时一心只想着一定要获胜，连观众们的加油声都没注意到。”由此可见，对于比赛者来说，专注力有多么重要。

一提到竞技比赛，估计很多人就会联想到拳击等有些“暴力”的项目。因此，很多妈妈会对这种比赛有一定的抵触心理。但不可否认的是，孩子心里那股不服输的劲头才是保持专注力的最佳动力。

如此一分析，家长大概都能理解为什么说竞技游戏才是培养聪明头脑的最佳手段了吧。

- 竞技游戏有助于培养孩子的逻辑思维能力和专注力。

70 让孩子下围棋或玩纸牌游戏

日本围棋大师高川格曾提起过自己小时候的经历。

他的父亲是一位围棋迷，他从上小学前开始就经常围在父亲身边看父亲下棋，还经常拿棋子当玩具玩，耳濡目染中他就学会了下围棋。同时，也不知为何，他升入小学后从来没有碰到过能够难倒他的数学题目。

实际上，下围棋跟下象棋一样可以让头脑变得更聪明，高川先生并不是特例，任何下棋的人都有可能发生这种积极变化。

有一点不同，那就是围棋比象棋更适合低年龄段的孩子。

正如前面强调过的那样，对于幼儿的大脑来说，最重要的并不是针对某个事物进行分析并加以理解的能力，而是全面地、直观地把握整个事物的模式辨别能力。而围棋就是锻炼提升这种模式辨别能力的最有效的工具。

大家都知道，围棋的棋子由黑、白两种对照鲜明的棋子组成，并且所有棋子的形状和厚度均相等，棋盘也由大小完全相同的小方格组成。

模式辨别能力的训练需要的就是这种单一性。虽然要素单一，但通过灵活组合却可以创造出无数种不同的模式。这种模式变化背后所隐藏的严密逻辑就是数学的基础。因此，围棋可以在不知不觉中以直观而非理性的方式帮助孩子掌握数学的基础逻辑。

当然，如果父母不会下围棋，那么跟孩子玩一玩“五子棋”对孩子的大脑也有很好的锻炼效果。就如前文提到的，最重要的是让孩子像高川先生小时候一样有自然而然亲近围棋的机会。

跟围棋一样，日常生活中比较常见的纸牌也有助于培养敏锐的直觉，提高思维能力。

有一种比较常见的纸牌游戏是将 52 张纸牌一张一张翻过来放好后寻找数字相同的纸牌。让人感到意外的是，家长和小孩一起玩这个游戏时获胜方通常都是孩子。

孩子之所以能在这个游戏中显露出令家长难以置信的能力，主要是因为孩子并不是依靠理性分析每一张牌的位置，而是将整副牌作为一个不可分割的整体进行全局性把握。

成年人记忆纸牌的摆放位置时通常采用的都是“最右边第三个”或者“最中间有点歪的那一张”这样的方式，而孩子则是将纸牌的整体排列作为一种模式直观地映入脑中。也就是说，在这个游戏中孩子并不是通过思考去回忆纸牌的位置，而是条件反射一般指出纸牌所在的位置。

随着年龄的增长，这些被称为原始能力或者本能反应在后天发展的各种智力的挤压下逐渐退化。即便如此，那些从小得到充分锻炼的孩子，他们成年后的直觉往往更敏锐，记忆力也更出色。

纸牌游戏可能会让成年人因高度集中注意力而出现神经衰弱，却可以给孩子的大脑带来积极有效的刺激，同时还可以锻炼孩子将直观思考迅速转化为动作或行动的灵敏性。

当然，通过理性分析记住每一张牌的位置的做法，也可以起到促进大脑发育的作用。

- 下围棋和玩纸牌游戏有助于培养孩子直观把握事物的能力。

健康生活，让孩子的身心和头脑茁壮成长

71 严格做到早睡早起

俗话说“睡得好、长得壮”，但这仅限于哺乳期的孩子。一旦过了这个阶段，虽然睡觉也有助于长身体，但睡得太多反而会给大脑发育带来不利影响。

估计大家都有过类似的经历：趁着难得的周末一觉睡到中午，结果一整天脑袋都晕乎乎的。睡得太久反而没精神，成年人这样，孩子也是如此。

我们经常说睡眠不足会让头脑迟钝。这里衡量睡眠是否充足的指标并不是睡眠时间的长短，而是深度睡眠的时间。这也说明了“过犹不及”是有着充分科学依据的智慧。

据说欧洲各国的父母对孩子睡眠时间的管理都非常严格。不论有什么理由，所有的孩子都必须在指定的时间上床睡觉，绝不允许有例外。

以前，日本、中国的父母也会要求孩子最晚在 9 点前后上床睡觉。一旦到了这个时间，即使孩子还沉浸在游戏中父母也会明确地告诉孩子睡觉时间到了，必须马上上床睡觉。

但是最近，很多父母开始根据自己的生活节奏安排孩子的作息时间，孩子也都变成了夜猫子，有的甚至夜里十二点才上床睡觉。

还有一些孩子的日程表被补习班或者兴趣班排得满满当当，繁忙程度让一些父母都自叹不如。父母都想尽可能多地为孩子提供良好的学习机会，这种良苦用心虽然也能理解，但孩子的生活极为不规律，不得不说这种做法得不偿失。

比起那些补习班或兴趣班，早睡早起、生活规律更有利于孩子的智力发育。

- “早睡早起”是孩子变聪明的基础。

72 为孩子提供动手的机会

通常，人的身体功能按照从头到脚、从中心到末端的顺序逐渐发展成熟。正如“手是人类的第二个大脑”所强调的，手部的灵活程度是头脑发育状况的重要标志。

也就是说手部动作越精细的孩子，脑部活动往往也越活跃。再进一步说，锻炼手部动作可以给大脑提供有效的刺激。因此，想要促进孩子的智力发育，就必须尽可能多地为孩子提供锻炼双手或者手指的机会。

这里我的建议是让孩子尽早学会用筷子。

近年来，亚洲人的饮食生活逐渐受西方饮食文化的影响，很多家庭甚至学校的餐厅都开始普及刀叉，不会用筷子的孩子越来越多。

更令人惊讶的是日本不少美食节目主持人居然也不会用筷子。在我看来，这真的是一件非常丢脸的事情。然而现实中，这种连筷子都拿不好的美食主持人却有增无减，只能说大家对于吃饭必须用筷子这件事的意识已经普遍降低到一定程度了。

如果我说筷子的使用可以极大地促进孩子的智力发育，大家是否就不会再抱着这种随意的态度了呢？

使用筷子也要讲究正确的方法。真正意义上的用筷子，并不只是紧紧地抓住两根筷子然后夹起食物塞到嘴里。

实际上，筷子可以用来完成“夹”“切”以及“分离”等各种精细动作，而这些动作可以夹起小到米粒般大小的东西。可以说筷子是一种相当高级的工具。刀叉类餐具通常都是先用刀将食物切成块状后，用叉子等尖锐工具扎起来后再送入口中。与之相比，筷子的动作显得更加干脆利落。估计很多人都会赞同我的这种看法吧。

显然，学会熟练使用筷子这种高级的工具，将对大脑的发育起到十分重要的促进作用。

要让孩子学会正确使用筷子，父母需要提供必要的指导。正确使用筷子不仅可以锻炼手部的精细动作，还可以促进大脑的智力发育。因此父母一定要重视起来，把指导孩子正确使用筷子列为一项重要的教育任务。

此外，让孩子参与做饭也可以有效锻炼孩子的手部动作。

家长可能平时没有注意到，实际上，做饭过程中的很多操作都需要靠手来完成。例如给土豆、胡萝卜去皮或者给豆角、芹菜等蔬菜去筋等。

有些父母为了保证孩子有充足的学习时间，不让孩子做任何家务。在我看来，这种做法反而不利于孩子的成长。让孩子参与做家务，不仅可以让孩子的自主学习意愿更强烈，而且在做家务的过程中还可以充分活动双手，进而刺激大脑的发育，是真正意义上的“一箭双雕”。

- 正确使用筷子和参与做家务，可以让孩子的大脑更活跃。

73 教孩子正确使用刀具

就如前文所述，要尽可能多地为孩子提供活动双手的机会。实际上，除了餐具筷子之外，还可以利用学习用品为孩子创造各种动手的机会。

有一所私立小学的做法，我觉得非常值得借鉴。

在这所学校里，老师会给刚入学的一年级新生每人发一把削铅笔用的小刀，而入学的第一堂课就是让孩子在磨刀石上磨刀，磨好之后开始学习削铅笔的方法。

学校是学习的地方，而铅笔是重要的学习工具，因此孩子必须学会自己削铅笔。这就是这所小学的教学理念。

近年来，由于削笔刀的普及，用小刀削铅笔的做法已经很少见了，而且随着自动铅笔的广泛使用，人们几乎都不怎么用铅笔了。在这种时代背景下，这所小学所推行的做法估计要被当作一种过时的历史产物受到排斥。

在我自己上小学的时候大家都是用小刀削铅笔，同学之间还要比赛看谁削得最好、最细。现在回想起来有种恍如隔世的感觉。我曾做了一个测试，递给孩子小刀和铅笔，看看他们会不会削铅笔。测试的结果很意外，竟然没有一个孩子知道怎么削铅笔。

从促进孩子智力发育的角度来看，总是给孩子提供特别方便的文具用品，剥夺他们活动双手的机会，这种做法是有待改进的。

现如今各种生活用品被设计得越来越方便，为我们带来了极大的轻松和快捷，这当然值得肯定。但同时这种便利也导致孩子越来越笨拙，有的甚至连自己的鞋带都系不好。

可以说双手就是大脑的一部分，因为双手的神经与大脑的中枢神经直接相连。就如前文强调过的那样，双手是大脑性能的测试仪。

虽然在自动铅笔广泛普及的当今社会学习削铅笔有一定的难度，但我还是希望家长们能够尽量让孩子学会用小刀削铅笔，尽可能多地为孩子创造活动双手的机会。

与小刀类似的工具还有剪刀。通常情况下，孩子最先学会的手部精细动作就是用剪刀剪纸。这里有一点非常重要，就是要让孩子从小体验到用剪刀随意剪纸的乐趣。

让孩子自由发挥，随意将纸剪成自己想要的形状，这种做法不仅可以培养孩子的发散思维能力，还可以充分地活动双手，有效促进大脑的智力发育。

毫不夸张地说，家长给孩子提供什么样的文具并教孩子怎么使用这些文具，不同的做法将对孩子的智力发育产生极为不同的影响。

遗憾的是，以危险为理由不让孩子接触刀具的家长越来越多。但我认为，正因为这些工具比较危险，稍有不慎就会让孩子受伤，家长才更有必要让孩子懂得小心使用这些工具，并在充分锻炼孩子手部动作的基础上，让孩子学会熟练使用这些工具。

- 使用刀具的紧张感可以有效刺激孩子的大脑发育。

74 左右手均衡使用

如果孩子天生是左撇子，是否有必要强制纠正，让孩子改用右手？这仍然是一个让很多家长纠结的问题。

近年来，媒体上关于强制纠正左撇子倾向导致不良后果的宣传和报道越来越多，例如容易导致孩子出现磕巴、尿床等心理障碍等，家长们已经不再像过去那样在意孩子的惯用手问题了。我个人也认为，家长们应当以更加积极的心态看待孩子的左撇子。

我甚至想建议家长们训练那些习惯用右手的孩子多用一用左手。

已故日本著名儿童小提琴教育家铃木镇一曾主张：左右手都能用才是人类的原本状态。我也十分赞同这种看法，活动手指可以有效开发大脑，而这种功效并不只局限于右手。

众所周知，人的左右脑有不同的分工。左脑主要负责语言、逻辑以及理性思维等功能，而右脑主要支配图像、五官直觉以及感性等功能。如果说活动手指可以促进大脑发育，那么就应该左右手均衡使用，这样才能让左右脑同时得到有效刺激，进而获得均衡发展。

- 左右手同时使用，可以促进左右脑均衡发展。

75 让孩子体验裸露的状态

位于日本爱知县丰桥市的仔羊幼儿园自1969年以来一直坚持对孩子开展裸露教育，因而又被称为“裸露幼儿园”。这所幼儿园的园长表示，裸露教育不仅有利于促进孩子的身体发育，而且在精神方面也会产生许多积极的影响：

· 性格更活泼

· 更加通达、积极

· 更加机灵、有毅力

· 更加活泼伶俐，与老师的互动增多

· 不再在意男女生的性别差异

· 自主性增强

穿着衣服的时候，皮肤被衣物包裹住，感觉器官也因此受到限制，无法自由活动；而不穿衣服让皮肤处于裸露的状态，就可以让感觉器官得到彻底的解放。以触觉为例，用手触摸土壤与裸露身体躺下用肚子或者后背接触土壤，感觉完全不同。

只有在裸露的状态下人的触觉才会得到彻底解放。在这种状态下，孩子的大脑比以往任何时候都更加明晰，整个人都活泼开朗起来，自主性也得到极大提升。

让孩子体验裸露的状态相当于给孩子的大脑做“保养”。孩子的整个身体都沐浴在阳光中，那些长时间隐藏在衣服下的皮肤也能得到充分的刺激，这些刺激再进一步传递到中枢神经，为大脑的神经细胞送去最佳的营养物质。

当然，并不是要让所有孩子都一直保持赤身裸露的状态。家长的职责就是根据孩子的精神状态以及天气情况，让孩子在某一段时间内体验一下裸体自在的状态。

- 裸露教育相当于给孩子的大脑做“保养”。

76 让孩子多走路

一位体操研究专家分享了他在智力比赛中担任节目主持时的经历。在这个比赛中，参赛者要在传动带上一边跑步一边答题。根据他的观察，那些平时经常运动的参赛者，在逐渐掌握了跑步节奏后，答题的状态也会越来越好。

有研究表明，马拉松选手通常在跑出 800 米左右后头脑开始变得清晰，并开始考虑配速及比赛进度安排等事项。

据说这是因为在双脚开始活动之后人的呼吸会变得急促，大脑的供氧量也随之增多。根据这个原理我们可以推导出一个结论：路走得越多，孩子的大脑就越活跃。且不说走路可以给大脑提供充足的养分，光是考虑走路可以强壮身体这一点，家长也应该让孩子尽量多走路。

此外，经常让孩子在无拘无束的状态下自由行走，可以有效地促进孩子的个性发展。

这是因为走路这个动作本身就会因个人的气质、体质以及性格等因素呈现出不同的形态。走路的动作得到彻底解放，有利于促进个性的发展。也就是说，每个孩子都有着独特的运动神经脉络，只有这些神经脉络得到充分发育后才能进一步促进大脑的独立思考能力以及独特感知能力的发展。

因此，家长不允许孩子随意走路的做法就值得重新探讨了。几乎所有的地方都能看到孩子在家长的牵引下走路的情景。还有不少年幼的孩子被爸爸妈妈各牵着一只手在半拖拽的状态下前进。

考虑到如今复杂的社会环境，家长们这么做也实属无奈。但总是以危险、担心、赶时间之类的理由要求孩子按照父母的要求走路，这种做法是否合理，值得我们深思。

在家长看来，孩子总是容易被一些不相干的事情吸引，因此任由孩子自己走路是一件很危险的事情。但实际上，只有让孩子在自由自在的状态下行走，才能充分发展孩子的个性并为大脑的发育打下良好的基础。因此，希望家长们在确保安全的前提下，尽可能多地让孩子自由地走路。

- 多走路可以让大脑更活跃，并充分发展孩子的个性。

77 尝试换一条新路线

现如今复杂的社会环境让孩子很少有机会自由选择上学的路径。大部分的幼儿园和学校为了确保孩子的安全，都会要求孩子必须在家长的陪同下或者按照指定的路线上下学。

如果孩子的学校确实有这种要求，那么家长当然要严格遵守。不过至少在带孩子去买东西的时候可以尝试一下不同的路线。从安全角度考虑，家长可以要求孩子平时一定要走学校指定的路线，但在有家长陪伴的时候可以尝试走一走新的路线。

不同的路线会有不同的风景，孩子在走新线路时也会兴奋得像只小麻雀一样“叽叽喳喳”地说个不停。这是孩子的大脑开始活跃的表现。虽然有一些孩子可能也会感到害怕，但实际上这种害怕所引起的精神上的适度紧张对于孩子的大脑来说也是一种很好的刺激。

前不久看到一篇文章这样写道：以前总说要让孩子在大风大浪中锻炼成长，但现如今的社会环境却让家长不敢让孩子经历太多风浪。在这种社会环境下，孩子正处在发育阶段的大脑因无法得到充分的刺激便逐渐萎缩了。

我曾在《公司病理学》一书中指出：越是创造力低的员工，越是十年如一日只走一条路线。他们的通勤路线要么是“家→公交站→地铁→公司”，要么是“公司→餐馆→地铁→公交站”，除此之外再也不会有其他模式。

后来有一位在企业担任中层管理人员的读者告诉我，他读了我的书后受到启发，开始要求员工执行“每日新路线原则”，试图借此提升员工们的创造力。

即使每天被工作压得透不过气，也要时常尝试走一走与平常不同的路线，这样不仅可以让我们的身心得到放松，有时还会有一些意外的新发现。

可能很多读者跟我一样对卓别林的电影《摩登时代》中描述的场景印象深刻：主人公日复一日地在自动化工厂里重复着一成不变的操作，即使非工作时间也仍然保持着那些机械化的动作，最终精神失常。

这是因为一成不变的行动模式会使人的思维逐渐固化，无法展开灵活思考。而孩子的大脑就像一张白纸，具有无限的可能性，一成不变的行动模式将对他们造成更为严重的影响。

如果让孩子从小处在毫无波澜的日常生活中，他们的大脑就会形成固定的思维模式，无法发展出丰富的想象力以及出众的创造力。

- 变化让孩子的大脑更加活跃。

78 不介入孩子间的争吵

两个孩子凑一块儿就要吵架，这是再常见不过的事情，因此大人没有必要盲目介入帮忙劝架。孩子在和同伴吵架的过程中会自主开动脑筋并找到他们那个年龄特有的解决方案。

也就是说，吵架对于孩子来说反而是不可多得的锻炼大脑的机会。彼此利益冲突时产生的负面情绪，促使他们使出浑身解数寻找解决办法，并在吵架的过程中体会到尊重他人的重要性。

如果是动手打架，那么他们可以通过打和被打切身体会到什么叫力度，进而培养出体恤他人的怜悯之心。

如果是口头吵架，他们则会想尽办法在语言上打败对方从而达成自己的诉求，因此吵架可以很好地锻炼他们追根究底的能力。

据说在法国人的家庭中，孩子之间一开始吵架，父母就会饶有兴致地来到吵架现场并在一旁默默围观争吵的后续发展。

同样都是劝架，日本家庭和法国家庭的做法就极为不同。法国人非常注重条理性，因此他们的逻辑思维能力以及语言能力都很强大。这很大程度上得益于他们对孩子的教育方式。

彻底改变“不可以吵架”的教育观念，转变为“鼓励吵架”，或许会让家长在提升孩子思维能力方面获得意外的惊喜。

- 孩子通过吵架可以思考并有所收获。

79 愉快进食是基本要求

日本的一位研究大脑的生理学家大岛清写了不少儿童饮食教育相关的著作。他主张一家人其乐融融围坐在一起进餐，因为这样可以有效促进孩子的大脑发育。这为独自进食越来越普遍的当代家庭生活敲响了警钟。

现在的父母都很忙碌，因此一起吃晚餐已然成了一件高难度的事情。即便这样，我也希望每个家庭每周至少一次全家人围坐在一起温馨进餐，比如可以把家庭聚餐定在周日。

一家人围坐在一起进餐时，可以谈论一些当天的新闻报道或者社会热点等话题，为孩子的大脑发育提供良好的刺激。即使孩子对这些话题一知半解也没关系，因为这种状态正好可以更有效地刺激他们的大脑，促使他们去思考并理解这些信息。

此外，父母还可以向孩子提一些问题，让孩子积极发表自己的意见和看法，促进孩子语言表达能力的发展。

对孩子来说，家人围在一起进餐不仅是难得的亲子时光，也是距离他们最近的社交场所。在这种熟悉又放松的状态下，孩子自然心情愉悦并乐于将自己心中的各种想法滔滔不绝地表达出来。这样他们的语言表达以及沟通交流等构建人际关系过程中不可或缺的各项能力都将得到有效锻炼。

据说在欧美家庭中，如果孩子在餐桌上沉默不语，父母的第一反应就是孩子生病了。因为在正常情况下，孩子总是滔滔不绝地讲述朋友、老师、学习以及游戏等各方面的事情，沉默不语的表现反而太反常了。

当然，让孩子学会正确的餐桌礼仪也十分重要。例如，嘴里含着饭菜时不说话、咀嚼食物不要发出太大的声音以及不要把食物撒到桌子上等。如果没有从小养成这些良好的习惯，长大后也就很难纠正了。

但过于强调餐桌礼仪，会让孩子感觉吃饭时就跟在接受审讯一样，这对于孩子的大脑发育并没有好处。

孩子正眉飞色舞地讲述某件事情，妈妈却突然命令他不要讲话，经常这样就会让孩子对用餐时的交流对话不再抱有期待，表达能力也得不到有效发挥甚至失去表达的意愿。

因此，当孩子在吃饭过程中愉快地说话时，父母千万不要斥责孩子连吃饭的时候都不安静，即便饭菜撒到桌子上也要当作没看见，把听孩子叽叽喳喳地讲述当成一种享受。

共同进餐可以让沟通更顺畅，这一点相信家长们都有切身体会。这是因为人在进餐的时候身心都处于放松的状态，因此会变得更健谈。从大脑发育的角度考虑，父母不应该过分关注孩子的用餐习惯，而是要让孩子畅所欲言，这样才能更好地促进孩子的大脑发育。

- 纠正用餐习惯要以不破坏愉快的用餐氛围为前提。

80 人格健全的孩子更聪明

有一些妈妈会很自豪地夸自己家孩子："我们家孩子虽然脑子有点迷糊，但性格好是他最大的优点。"相反的，也常常会听到大家这样评价别人："那家伙虽然脑子很聪明，但人品实在太差了。"

这说明人们总是倾向于把头脑是否聪明与性格好坏、是否懂得替他人着想等品格区分开来考虑。

但是仔细想一想就会发现把聪明与否跟品格区分开来看的做法莫名其妙。我想主要是因为人们普遍认为学习成绩好等同于头脑聪明，所以才会做出这样的区分。

实际上，头脑聪明不仅仅是学习成绩好，还应当综合考虑判断能力、思维能力、创造力以及想象力等各种因素。如果能够认识到这一点，就不难发现头脑聪明并不独立存在于品格之外，二者间存在着千丝万缕的紧密联系。

为什么有些人善于为他人着想呢？这是因为这些人能够敏锐地察觉到对方复杂微妙的心理变化，并根据对方的心理状态采取相应的行动。

温柔或善良等品质也是如此。一个人如果不善于从多个角度思考问题，无法察言观色进而准确地判断出自己应该采取的行动，那么也就无法将这些内在品质发挥出来。

一个头脑笨拙的人怎么可能完成这种高难度的思考呢？人品是一项高级的思维能力，只有头脑聪明的人，才可能具备这种能力。有些父母担心自己只顾着想方设法让孩子变聪明会耽误孩子在性格、品质方面的培养，这种担心其实完全没有必要。

虽说“比起 IQ（Intelligence Quotient，即智商）要更注重培养孩子的 EQ（Emotional Quotient, 即情商）”这种主张由来已久，但我也希望家长们能够再一次认识到：培养一个聪明的孩子其实就是培养一个人格健全的孩子。

- 越是有能力的人，人格魅力往往也越高。